خالد شوملي

قصائد عن الحب والحياة

عربي ـ ألماني

2020

دار النشر BoD – Books on Demand

KHALED SHOMALI

Schmetterlinge der Poesie

GEDICHTE VON LIEBE UND LEBEN

arabisch - deutsch

2020

Verlag: BoD – Books on Demand

Bibliografische Information der Deutschen Nationalbibliothek:

Die Deutsche Nationalbibliothek verzeichnet diese Publikation in der Deutschen Nationalbibliografie; detaillierte bibliografische Daten sind im Internet über http://dnb.dnb.de abrufbar.

© 2020 SHOMALI KHALED

Herstellung und Verlag: BoD – Books on Demand, Norderstedt

Gedichte auf Arabisch von Khaled Shomali

Übersetzung aus dem Arabischen von Khaled Shomali

Lektorat: Marianne Merbeck-Khouri, Osama Khouri, Kurt Stremmel-Kray, Khaled Shomali

Titelbild: Hafiz Kassis

Umschlaggestaltung: Khaled Shomali

ISBN: 9783752627954

Einführung

Die Liebe ist die erste Weltsprache. Danach kommen Musik und Lyrik. In diesem Gedichtband wird das Wunderbare und das rätselhafte, unsichtbare Wesen der Liebe besungen. In der arabischen Lyrik vereinen sich drei Säulen: die bildhafte Sprache, die Musik des Gefühls und die Ästhetik der Fantasie. Bei der Übersetzung in die deutsche Sprache können der Zauber der Worte und die Bilder wiedergegeben werden. Die Musik aber ist nur zu spüren. Wie ein unsichtbarer Vogel schwebt sie im Raum.

Die erste bekannte in arabischer Sprache niedergeschriebene Dichtung ist ca. 1600 Jahre alt. So alt ist auch die Form des klassischen arabischen Gedichts, die bis jetzt im Wesentlichen unverändert geblieben ist. Zu den bekanntesten Dichtern der ersten Epoche gehören **Imru' Alqais** (501 - 540) und **Antara Ibn Schaddad** (525 - 608). Sie zählen zu den sieben Dichtern aus vorislamischer Zeit, deren Gedichte schon damals, vermutlich in goldenen Lettern gestickt, an den Wänden der Kaaba in **Mekka** aufgehängt wurden (**Mu'allaqat**). Die Liebe war von Anbeginn Hauptbestandteil der arabischen Dichtung. Insbesondere **Antara Ibn Schaddad** verfasste beeindruckende Liebesgedichte für seine Geliebte **Abla**.

Auch nach dem Aufkommen des **Islam** (ab 622 n. Chr.) besangen die Dichter die Liebe. So wurde der Dichter **Kais-Lubna** (625 - 680) nach dem Namen seiner Geliebten **Lubna** benannt. Der Dichter **Kais-Laila** (645 - 688) ging ebenfalls mit dem Namen seiner Geliebten in die Geschichte ein und wurde bekannt als **Der von Laila Besessene**. **Omar Ibn Abi Rabie'a** (644 - 719) schrieb fast ausschließlich Liebesgedichte. Der sehr bekannte Dichter **Baschar Ibn Burd** (714 - 784) wurde wegen seiner Liebesgedichte und seiner Kritik am **Kalifen Almahdi** von den radikalen Religiösen als Ketzer bezeichnet und musste in Bagdad seine Liebesgedichte mit dem Leben bezahlen. Der größte Dichter Arabiens, **Almutanabbi** (915 - 965), der zahlreiche Kriege und Herrscher erlebte, schrieb ebenfalls wunderschöne Liebesgedichte. Den Höhepunkt erreichte die arabische Liebeslyrik im 12. Jahrhundert in Andalusien mit den Dichtern **Ibn Arabi** (1165 - 1240) und **Ibn Alfarid** (1181 - 1234). In dieser Epoche der arabischen Dichtung stand die Einheit der oder des Geliebten mit dem Liebenden im Vordergrund.

Es ist die Epoche, in der die Spiritualität in der arabischen Lyrik ihren strahlenden Glanz entfaltete. Beide Dichter, Ibn Arabi und Ibn Alfarid, entwickelten den Sufismus weiter. Das geliebte Wesen wurde vorwiegend im Maskulinum angesprochen und es ist nicht zu erkennen, ob es sich dabei um einen Menschen – ganz gleich, ob Mann oder Frau – oder um Gott handelt. Dies gilt in der arabischen Dichtung und in den klassischen Liedtexten bis heute.

Während diese beiden Dichter von vielen Menschen für ihre Dichtung sehr verehrt wurden, galten sie den radikalen Religiösen als ungläubig und wurden als Heiden beschimpft.

Mit dem Ende der Herrschaft der Araber in Andalusien (1492) fiel der arabische Raum in einen tiefen Schlaf. Als Spiegelbild der politischen Lage waren Literatur und Dichtung entsprechend schwach. Erst mit dem Dichter **Mahmoud Elbaroudi** (1839 - 1904) ist eine Wiederbelebung der arabischen Dichtung zu verzeichnen. Er verfasste zahlreiche spirituelle Liebesgedichte. Der Dichter **Khalil Yazije** (1856 - 1889) schrieb im Gegensatz zu **Mahmoud Elbaroudi** offene und direkte Liebesgedichte.

In der Moderne führten die arabischen Dichter die Tradition weiter. Während die Liebesgedichte der palästinensischen Dichterin **Fadwa Touqan** (1917 - 2003) eher spirituell ausgerichtet sind, ist der syrische Dichter **Nizar Qabbani** (1923 - 1998) in seiner Lyrik sehr direkt. In seinen Gedichten spiegeln sich die Revolution und die Unabhängigkeitsbewegung nach dem 2. Weltkrieg wider und auch seine

Ausdrucksweise in den Liebesgedichten ist sehr konkret und deutlich. Sie berühren die Herzen der Menschen im ganzen arabischen Raum. *Mahmud Darwisch* (1941 - 2008) widmete seine Dichtung seiner Heimat Palästina. Als offener und viel gereister Dichter schrieb er auch wunderbare Liebesgedichte. Diese sind reich an Bildern und sehr gefühlvoll.

Aufgrund der Besatzung von Palästina und der Vertreibung der Palästinenser aus ihrer Heimat (1948 und 1967) zögerten die palästinensischen Dichter insbesondere in der Zeit von 1950 bis 2000 über die Liebe zu schreiben. Bei den ständigen Kriegen, Opfern, Leid, Vertreibung und bei dem Elend im arabischen Raum schien es schwer und unpassend, über die Liebe, das Glück und das Unglück des Einzelnen zu schreiben.

Als Palästinenser versuche ich, einen großen Bogen zu spannen, um diese tiefe Lücke zu überbrücken. Als Dichter bilde ich eine Brücke, um die Reise von der bitteren, drückenden Realität zu einem offenen Horizont zu ermöglichen.

Keine andere Sprache eignet sich wie die arabische für die Lyrik. Der Wortschatz ist fast unbegrenzt. Die Variationsmöglichkeiten der Reime sind unvergleichlich. In diesem Zusammenhang möchte ich kurz auf das klassische Gedicht in der arabischen Lyrik eingehen. Um das Reimschema zu verdeutlichen, soll hier das erste Gedicht *„In allen Sprachen der Welt"* in diesem Gedichtband betrachtet werden. Der Endreim im Arabischen ist aufgebaut wie folgt:

1. Verspaar A/A
2. Verspaar B/A
3. Verspaar C/A
usw.

bis zum Ende des Gedichts. Also über siebenundvierzig Verse wird dieses Schema beibehalten. Dadurch verstärkt sich die Musikalität des Gedichts. Die „äußere" Musik wird vom Metrum des Gedichts und die „innere" Musik von den zahlreichen Variationen des Tons, der Buchstaben, der Wörter, der Aussprache, von der Handlung und vom Klang bestimmt. In der arabischen Dichtung stehen sechzehn Grundmetren zur Verfügung. Jedes Metrum hat zahlreiche Untervariationen. Man könnte jedes Metrum mit einem Baum mit vielen Ästen vergleichen. Der Stamm, die Krone, die Äste, die Blätter, die Form und die Früchte jedes Baumes unterscheiden sich von den anderen Bäumen. Wenn der Wind weht und die Blätter flattern, entsteht bei jedem Baum (Metrum) ein spezieller unvergleichlicher Klang. Da die Anzahl, Größe und Form der Blätter bei jedem Ast unterschiedlich sind, entstehen ebenfalls viele Musikvariationen im selben Gedicht. Die Harmonie der äußeren mit der inneren Musik, die Balance zwischen Leichtigkeit und Tiefsinn und die passenden Metaphern zu den ausgewählten Versen zeichnen ein gutes Gedicht aus.

In diesem Gedichtband sind acht Grundmetren mit Untervarianten vertreten. Eins davon, das fast ausgestorben ist, ist in drei Gedichten vertreten (siehe z. B. das letzte Gedicht im Buch „*Am Strand*").

Die Gedichte wurden vom Autor selbst ins Deutsche übersetzt. Dem Lektorat gehörten Marianne Merbeck-Khouri, Osama Khouri, Kurt Stremmel-Kray und der Autor an. Nur durch die intensive Zusammenarbeit konnte der vorliegende Gedichtband in dieser Form erscheinen. Mein besonderer Dank gilt den Mitgliedern des Lektorats.

Das Buch enthält Liebesgedichte in den Sprachen Arabisch und Deutsch.

Dieser Gedichtband ist meiner Frau Eman gewidmet.

Khaled Shomali
Brühl den 20.10.2020

Schmetterlinge der Poesie

بِكُلِّ لُغاتِ الْكَوْن

أُتِمُّ قَصيدي
ثُمَّ آتي أُتَمِّمُ
كَأَنَّ حُروفيْ وَحْدَها تَتَنَظَّمُ

بِكُلِّ لُغاتِ الْكَوْنِ:
إِنّي أُحِبُّها
فَتَسْألُني مُشْتاقَةً: مَنْ يُتَرْجِمُ؟

أَقولُ: إِذا لَمْ تَفْهَمي الْهَمَسَ فَاغْمِزي
فَعَيْنايَ يا مَحْبوبَتيْ هِيَ مُعْجَمُ

وَما حاجَةُ الْإِنْسانِ إِلّا لِقَلْبِهِ
كَثيرٌ مِنَ الْأَلْغازِ بِالْقَلْبِ يُفْهَمُ

وَمِنْ صَمْتِهِ يَبْني الْجَمالُ خَيالَهُ
وَكَمْ قيلَ مِنْ قَوْلٍ وَقَدْ كادَ يَهْدِمُ

وَلَوْ دَقَّقَ الْإِنْسانُ فيما يَقولُهُ
لَأَدْرَكَ: أَنَّ الْقَوْلَ ماكانَ يَلْزَمُ

12

In allen Sprachen der Welt

Ich vervollständige mein Gedicht
Dann beginne ich zu summen
Als reihten sich meine Buchstaben von allein aneinander

In allen Sprachen der Welt
Ich liebe sie
Sehnsuchtsvoll fragt sie mich
Wer übersetzt

Ich sage wenn du das Flüstern nicht verstehst
Meine Liebste zwinkere mir zu
Denn meine Augen sind ein Lexikon

Der Mensch braucht nichts als sein Herz
Viele Rätsel werden nur mit dem Herzen verstanden

Aus der Schweigsamkeit bildet die Schönheit ihre Fantasie
Wie oft wurde durch Reden vieles beinahe zerstört

Würde der Mensch überprüfen was er sagt
Würde er erkennen dass das Gesagte unnötig war

13

أنا لَمْ أَقُلْ ما تَشْتَهينَ سَماعَهُ
لِأَنَّ حُروفَ الْمَدْحِ قَدْ تَتَلَعْثَمُ

إلَيْكِ فُؤادي فاسْمَعي نَبَضاتِهِ
وَما أَصْدَقَ الْقَلْبَ الّذي يَتَكَلَّمُ

أَمُدُّ لَكِ الْأَغْصانَ كَيْ تَتَسَلَّقي
إلى الْقَلْبِ حَيْثُ النَّبْضُ بِالْحُبِّ مُفْعَمُ

هُوَ الْقَلْبُ بُسْتانٌ
وَأَنْتِ وُرودُهُ
وَأَنْتِ وَريدُ الْقَلْبِ
أَنْتِ بِهِ الدَّمُ

وَلَمْ أُخْفِ يَوْمًا أَنَّ حُبَّكِ ساحِرٌ
وَتَعْرِفُ كُلُّ الْأَرْضِ أَنّي مُتَيَّمُ

وَتَبْتَهِجُ الْأَزْهارُ إنْ طَلَّ نَحْلُها
فَلا تَعْبِسي إنْ جاءَكِ الْمُتَبَسِّمُ

تَعَمَّقْتُ في بَحْري فَكُنْتِ امْتِدادَهُ
وَنَحْنُ كَهذا اللَّيْلِ لا نَتَقَسَّمُ

14

Ich habe nicht gesagt was du gern hören möchtest
Weil die Buchstaben des Lobes dann stottern könnten

Nimm mein Herz und höre seinen Pulsschlag
Nichts ist ehrlicher als ein Herz das spricht

Ich reiche dir die Zweige damit du hinaufsteigen kannst
Zum Herzen das voll Liebe pulsiert

Das Herz ist ein Garten
Und du bist seine Rosen
Du bist seine Schlagader
Du bist das Blut darin

Nie habe ich verschwiegen
Dass meine Liebe zu dir mich verzaubert
Die ganze Welt weiß dass ich besessen bin

Die Rosen sind voll Freude wenn sie ihre Bienen sehen
Zeig kein mürrisches Gesicht
Wenn jemand lächelnd zu dir kommt

Ich tauchte tief in mein Meer
Und du bist die Weite darin
Wir sind wie diese Nacht nichts wird uns trennen

أرى فيهِ أَحْلامي وَبَدْري وَأَنْجُمي
وَغَيْري اشْتَكى:
يا لَيْلُ كَمْ أَنْتَ مُظْلِمُ

إذا اكْتَمَلَ الْمَعْنى
فَأَنْتِ كَمالُهُ
وَقَدْ زادَ سِحْرًا أَنَّ سِرَّكِ مُبْهَمُ

عَلى قَوْسِ أَلْوانٍ يُدَنْدِنُ مُغْرَمُ
بِأَنِّي الْحَبيبُ الشّاعِرُ الْمُتَوَسِّمُ

إذا أَبْدَعَ الإِنْسانُ شِعْرًا وَحِكْمَةً
فَإِنَّ الصَّدى مِنْ نَفْسِهِ يَتَنَغَّمُ

يُغَرِّدُ عُصْفورُ الْقَصيدِ بِأَضْلُعي
وَيَنْمو عَلى غُصْنِ الْمَحَبَّةِ بُرْعُمُ

تَطيرُ بِيَ الأَشْواقُ نَحْوَ سَمائِها
يُلَأْلِئُ في الْعَيْنَيْنِ بَرْقٌ وَأَنْجُمُ

16

In ihr sehe ich meine Träume
Meinen vollen Mond und meine Sterne
Andere klagen
Oh Nacht wie finster du bist

Wenn der Sinn sich vervollkommnet
Bist du der Schritt zu seiner Vollkommenheit
Sein Zauber wächst denn dein Geheimnis ist unerklärlich

Ein Liebender spielt auf den Saiten des Regenbogens
Ich bin der geliebte bezaubernde Dichter

Wenn der Mensch Poesie und Weisheit erschafft
Erfreut sich das Echo an seinem Atem

Der Vogel des Gedichtes singt in meiner Brust
Und eine Knospe sprießt aus dem Zweig der Liebe

Die Sehnsucht fliegt mit mir zu ihrem Himmel
In den Augen funkeln Blitze und Sterne

أَحَارُ مِنَ الْعُذَّالِ في وَصْفِ حُبِّنا
هُوَ الضِّغْنُ مِمَّا الْبَعْضُ يَهْجُو وَيَزْعُمُ

هِيَ الشَّائِعاتُ السّودُ تَلْتَفُّ حَوْلَنا
وَبَعْضُ لِسانِ النّاسِ سَيْفٌ وَأَرْقَمُ

كَأَنِّي أَرى الثُّعْبانَ يَلْدَغُ ذَيْلَهُ
هِيَ النّارُ مِنْ رِيحِ الْإِشاعَةِ تُضْرَمُ

مَواسِمُهُمْ حَرْبٌ
فَيُنْشِدُ طائِرٌ
أَما عِنْدَكُمْ يا ناسُ لِلْحُبِّ مَوْسِمُ؟

لَمَحْتُ الْفَتى يُلْقِي التَّحِيَّةَ باسِمًا
وَفي الْيَدِ خَلْفَ الظَّهْرِ كانَ الْمُسَمَّمُ

كَما الْكَلْبُ لا تَدْري إذا ذَيْلُهُ الْتَوى
يُفَتِّشُ عَنْ أَسْيادِهِ أَمْ سَيَهْجُمُ؟

إذا غازَلَ النُّوّارَ طَيْرٌ فَإِنَّهُ
بَرِيءٌ وَظَنُّ النّاسِ سُمٌّ وَمَأْثَمُ

18

Ich bin ratlos wie die Neider unsere Liebe beschreiben
Was manche in übler Nachrede behaupten ist feindselig

Schwarze Gerüchte kreisen um uns
So manch eine Zunge ist wie Schwert und Natter

Es ist als sähe ich die Königsschlange
Die sich in den Schwanz beißt
Und der Wind des Gerüchtes entfacht das Feuer

Ihre Jahreszeiten sind Krieg
Dann singt ein Vogel
Oh ihr Menschen gibt es bei euch
Keine Jahreszeit für die Liebe

Ich sah den jungen Mann freundlich lächelnd grüßen
In der Hand hinter seinem Rücken trug er das Gift

Bei einem Hund weiß man nicht
Wenn er mit dem Schwanz wedelt
Sucht er seinen Herr oder wird er angreifen

Wenn ein Vogel mit den Blüten schäkert ist er unschuldig
Die Gedanken der Menschen aber sind Gift und Sünde

19

وَكَمْ دُرَّةٍ في الْبَحْرِ يُجْهَلُ سِرُّها
وَمَوْجٍ بِمِنْفَاخِ الرِّياحِ يُضَخَّمُ

وَمَنْ يَضْرِبِ الْعَلْياءَ سَهْمًا كَأَنَّهُ
عَلى نَفْسِهِ يَرْمِي الْحَصاةَ وَيَرْجُمُ

وَمَنْ عابَ أَنْهارًا لِرِقَّةِ مائِها
فَلا يَلُمِ الْبُرْكانَ إذْ يَتَجَهَّمُ

لِسانُ الْفَتى سَيْفٌ فَصُنْهُ عَنِ الْفِرى
وَغِمْدُ لِسانِ الصّادِقينَ هُوَ الْفَمُ

وَقَدْ قالَ قَبْلي شاعِرٌ مُتَنَبِّئًا:
" إذا أَنْتَ أَكْرَمْتَ اللَّئيمَ " سَتَنْدَمُ

وَلا بَأْسَ إِنْ أَخْطَأْتُ يَوْمًا بِرُؤْيَتي
هُوَ الشَّهْمُ مِنْ أَخْطائِهِ يَتَعَلَّمُ

أُقَلِّبُ حَرْفي مَرَّتَيْنِ تَحَسُّبًا
فَمِنْ شَفَراتِ الْحَرْفِ قَدْ يَقْطُرُ الدَّمُ

وَكَمْ كُسِرَتْ تَفْعيلَةٌ بِانْفِعالِها
كَما الْياءُ قَدْ تَلْوي الْكَلامَ فَيَكْلُمُ

Wie oft bleibt das Geheimnis einer Perle im Meer verborgen
Und eine Welle steigt durch den Wind noch höher

Wenn jemand mit Pfeilen auf den Himmel zielt
Ist es als schleudere er Steine auf sich selbst

Und wer die Flüsse tadelt weil sie ruhig sind
Soll den Vulkan nicht rügen wenn er ausbricht

Die Zunge eines Jungen ist ein Schwert
Bewahre sie davor Lügen zu verbreiten
Der Mund ist die Scheide der Zunge des Ehrlichen

Vor mir verkündete ein Dichter
„Wenn du den Herzlosen ehrst wirst du es bereuen"

Es ist nicht schlimm wenn ich mich einmal irre
Der Edle lernt aus seinen Fehlern

Vorsorglich wende ich meine Buchstaben zweimal
Denn von den Klingen der Worte kann Blut tropfen

Wie oft wird ein Reim aus Aufgeregtheit verletzt
Verdrehte Worte schmerzen

زُجاجَةُ عِطْرٍ.. روحُ طِفْلٍ وَشاعِرٍ
إِذا خُدِشَتْ بِالضَّوْءِ قَدْ تَتَحَطَّمُ

أَنا لا أُحِبُّ الْبَحْرَ إِلّا لِأَنَّهُ
شَبيهٌ بِعَيْنَيْها. يَجودُ وَيَكْتُمُ

أَنا الْحُبُّ عِنْدي
مِثْلُ شِعْري ضَرورَةٌ
وَعِنْدَ الضَّروريِّ الْكَماليِّ يُلْجَمُ

فَما عاشَتِ الْأَسْماكُ دونَ مِياهِها
كَما النّارُ تَحْتاجُ الْهَواءَ فَتَعْظُمُ

إِذا لَمْ تَقُلْ قالَ الْفُؤادُ:
أُحِبُّها
وَإِنْ بَدَأَتْ حُبًّا فَإِنّي مُتَمِّمُ

لَكِ الْوَرْدُ. حَتّى لَوْ كَسَرْتِ ضُلوعَهُ
سَيَبْقى عَلى الْأَيْدي الرَّحيقُ الْمُنَسَّمُ

أَنا مَدُّ هذا الْبَحْرِ إِنْ كُنْتِ جَزْرَهُ
وَأَمْواجُنا تَعْدو وَتَعْلو وَتَلْطِمُ

Ein Duftflacon die Seele eines Kindes oder eines Dichters
Könnten allein durch Lichtstrahlen zerstört werden

Ich liebe das Meer nur weil es ihren Augen ähnelt
Großzügig und schweigsam

Die Liebe ist für mich notwendig wie meine Gedichte
Und in der Not wird das Belanglose gezügelt

Kein Fisch lebt ohne Wasser
Und Feuer benötigt Luft um sich auszubreiten

Wenn sie nichts sagt ruft das Herz aus
Ich liebe sie
Wenn sie voll Liebe beginnt werde ich es vollenden

Für dich sind die Rosen
Auch wenn du ihre Stiele brichst
Wird an den Händen der betörende Duft bleiben

Ich bin die Flut dieses Meeres du bist seine Ebbe
Unsere Wellen rauschen wogen auf und ab
Und treffen aufeinander

وَفي عَينِكِ الْيُسْرى تَلَهُّفُ عاشِقٍ
وَفي عَينِكِ الْأُخْرى هوىً يَتَقَدَّمُ

إذا ما اكْتَمَلْنا وَرْدَةً وَحَديقَةً
فَما كانَ وَرْدي عَنْ عَبيرِكِ يُفْصَمُ

هُوَ الشِّعْرُ عُنْوانِي وَأَنْتِ قَصيدَتي
وَما أَجْمَلَ الْأَشْعارَ إذْ بِكِ تُخْتَمُ

وَبَيْنَ يَدَيْكِ الْآنَ أُكْمِلُ رِحْلَتي
هُنا جَنَّةُ الدُّنْيا.
وَداعًا جَهَنَّمُ

أجيئُكِ حُلْمًا كَيْ أراكِ حَقيقَةً
فَأَنْتِ تَفوقينَ الّذي سَوْفَ أَحْلُمُ

أَصُمُّكِ حتّى تَفْتَحَ الشَّمْسُ عَيْنَها
أَأَنْتِ هُنا
أَمْ أَنَّ هذا تَوَهُّمُ؟

24

In deinem linken Auge lacht die Vorfreude eines Liebenden
Und in dem anderen schreitet die Liebe voran

Wenn wir uns wie eine Rose und ein Garten ergänzen
Sind meine Blumen von deinem Duft nicht mehr zu trennen

Die Poesie ist meine Passion und du bist mein Gedicht
Wie schön sind die Gedichte
Wenn sie durch dich besiegelt werden

Jetzt vollende ich meine Reise in deinen Händen
Hier ist das Paradies auf Erden
Adieu Hölle

Ich werde im Traum zu dir kommen
Um dich in Wirklichkeit zu sehen
Denn du übertriffst alles was ich je zu träumen wagte

Ich werde dich umarmen bis die Sonne ihre Augen öffnet
Bist du hier
Oder ist es nur Einbildung?

أَوَّلُ الْحُبِّ

أَخافُ يا قَلْبُ أَنْ تَهْوى إِلى الْأَبَدِ
وَمَنْ كَتَبْتَ لَها تَنْساكَ بَعْدَ غَدِ

وَأَوَّلُ الْحُبِّ وِزْرٌ أَنْتَ تَحْمِلُهُ
وَالْعِطْرُ يَهْفو وَيَبْقى الشَّوْكُ فَوْقَ يَدي

Beginn der Liebe

Ich habe Angst mein Herz dass du für immer liebst
Und dass die der du geschrieben hast
Dich übermorgen vergisst

Der Beginn der Liebe sind die Rosen die du bringst
Der Duft wird vergehen
Und mir bleiben die Dornen in der Hand.

نسيمٌ وَ وَرْدة

يَميلُ نَسِيمي إلى وَرْدِها
وَنَحْلي يَحِنُّ إلى شَهْدِها

عَلى كَتِفَيّ غَيْمَةٌ مِنْ هَوَى
وَلَهْفَةُ بَرْقٍ إلى رَعْدِها

وَيَحْمِلُني الْحُلْمُ نَحْوَ الْعُلى
لَعَلّي أَرى النَّجْمَ في مَهْدِها

كَأَنَّ الْأَميرَةَ في قَصْرِها
وَسورَ الْحِصارِ عَلى حَدِّها

أَعودُ إِلَيْها وَلَوْ لَمْ أَعُدْ
وَلَسْتُ أُذَكِّر في وَعْدِها

نَسيمي الْمُعَطَّرُ مِنْديلُها
لَعَلّي أُخَفِّف مِنْ وَجْدِها

لِأَنَّ الصَّداقَةَ في صِدْقِها
فَإِنَّ الْقَصيدَةَ مِنْ قَصْدِها

28

Eine Brise und eine Rose

Meine Brise sehnt sich nach ihren Rosen
Und meine Bienen begehren ihren Nektar

Auf meiner Schulter ruht eine Liebeswolke
Und ein Blitz der sich nach ihrem Donner sehnt

Der Traum trägt mich in höhere Sphären
Vielleicht sehe ich die Sterne über ihrer Wiege

Als sei die Prinzessin in ihrem Palast
Von der Mauer der Belagerung umschlossen

Ich kehre zu ihr zurück
Auch wenn ich es nicht versprochen habe
Und ich erinnere nicht an ihr Versprechen

Meine wohlriechende Brise ist ihr Taschentuch
Ach gelänge es mir doch ihre Sorgen zu mildern

Wie die Freundschaft aus der Ehrlichkeit heraus entsteht
So wird das Gedicht aus der Absicht geboren

29

هَوًى أَتَهاوى إلى حَقْلِها
فَيَمْنَعُني الشَّوْكُ مِنْ جُنْدِها

يُعَرِّجُ نَهْري إلى بَحْرِها
وَأُبْقى سَجينًا على سَدِّها

دَمي يَتَدَفَّقُ تَوْقًا لَها
وَتَقْفِزُ روحي إلى عِنْدِها

أَتَذْكُرُني وَرْدَتي يا تُرى؟
وَكُنْتُ لَها الحَظَّ في نَرْدِها

تَبوحُ الْعُيونُ وَلا أَكْتَفي
وَقَلْبِيَ يَرْنو إلى رَدِّها

أَصُبُّ الرَّذاذَ وَما تَشْتَهي
وَقُبْلَةَ حُبٍّ عَلى خَدِّها

أَنا الآنَ ماءٌ
وَصَفْوُ النَّدى
وَأُنْسابُ شِعْرًا عَلى سَرْدِها

تُحيطُ فَراشاتُ صُبْحٍ بِنا
وَشَدْوٌ يُرَطِّبُ مِنْ سُهْدِها

Von Liebe erfüllt taumele ich in ihren Garten
Aber ihre Soldaten die Dornen hindern mich

Mein Fluss schlängelt sich zu ihrem Meer
Und ich bleibe an ihrem Staudamm gefangen

Mein Blut drängt in Sehnsucht zu ihr
Und meine Seele eilt ihr entgegen

Ob sich wohl meine Rose an mich erinnert
Denn ich war das Glück in ihrem Würfelspiel

Die Augen verraten sich und das ist mir nicht genug
Und mein Herz ersehnt ihre Antwort

Ich träufele ihr Nektar ein und alles was sie begehrt
Und drücke ihr einen Liebeskuss auf die Wange

Ich bin nun Wasser und die Klarheit des Taus
Ich fließe als Gedicht auf dem Klang ihrer Prosa

Schmetterlinge des Morgens umflattern uns
Und Lieder lindern ihren Kummer

31

وَيَكْتَمِلُ الْعُرْسُ مِنْ حَوْلِنا
وَوَحْدي أَنا كُنْتُ في عَدِّها

وَلا شَيْءَ يَعْلو عَلى بَسْمَةٍ
تُلَأْلِئُ تاجًا عَلى جِدِّها

أُراقِصُها
وَأُغَنّي لَها
فَما زِلْتُ أَطْمَعُ في وُدِّها

نَدورُ
وَأَحْلامُنا تَنْتَشي
مِنَ الشِّعْرِ وَالْبَدْرِ في مَجْدِها

وَنَبْضُ فُؤادِيَ في أَوْجِهِ
وَنَمْنَمَةُ الرّيحِ في جِلْدِها

أَشُدُّ إِذا اقْتَرَبَتْ خُطْوَةً
وَحِكْمَةُ لِيني عَلى شَدِّها

يَدًا بِيَدٍ قَدْ رَقَصْنا مَعًا
وَزَغْرَدَةُ الطَّيْرِ مِنْ سِعْدِها

Um uns vollendet sich die Hochzeit
Und sie nahm mich als Einzigen wahr

Nichts ist mächtiger als ein Lächeln
Auf ihrem Antlitz wie eine Krone funkelnd
Ich tanze mit ihr und singe für sie
Denn ich begehre noch immer ihre Nähe

Wir drehen uns im Tanz und unsere Träume erblühen
Durch das Gedicht und den vollen Mond

Mein Herzschlag erreicht seinen Höhepunkt
Und der Wind streichelt ihre Haut

Ich ziehe mich zurück wenn sie sich einen Schritt nähert
Die Weisheit meiner Milde verbindet sich mit ihrer Kraft

Hand in Hand tanzen wir zusammen
Und das Trillern der Vögel spiegelt ihr Glück wider

عَلَى كَتِفِي يَدُها تَرْتَخِي
وَلِي يَدُ حُبٍّ عَلَى زَنْدِها

وَلا شَيْءَ أَنْبَلُ مِنْ بُلْبُلٍ
سِوى بُلْبُلَيْنِ عَلَى نَهْدِها

كَأَنِّيَ طَيْرٌ عَلَى غُصْنِها
وَجَزْرٌ تَجاسَرَ في مَدِّها

سَيَبْقى قَصيدِيْ لَها مَوْطِنًا
وَكَرْمَلَةَ الرّوحِ في لُدِّها

وَلِي مَوْعِدٌ لَيْتَني عائِدٌ
لِأَنِّي أَخافُ عَلَى رُشْدِها

أُوَدِّعُها وَفُؤادِيْ أَسَّى
فَماذا سَأَفْعَلُ مِنْ بَعْدِها

وَيا قَلْبُ كَيْفَ تُطيقُ النَّوى
وَتَصْبُرُ كَيْفَ عَلَى بُعْدِها

فَيَهْمِسُ في أُذُنِيْ عِطْرُها
سَتَبْقى الْوُرُودُ عَلى عَهْدِها.

Ihre Hand ruht auf meiner Schulter
Meine liebende Hand fasst ihren Rücken

Nichts ist edler als eine Nachtigall
Außer den beiden Nachtigallen ihrer Brust

Als wäre ich ein Vogel auf ihrem Zweig
Und eine Ebbe die sich in ihre Flut hineinwagt

Mein Gedicht bleibt für sie eine Heimat
Und die Seele in ihrem Körper

Ich habe eine Verabredung wäre ich nur zurückgekehrt
Denn ich mache mir Sorgen um ihre Vernunft

Ich nehme Abschied von ihr und mein Herz trauert
Denn was soll ich tun ohne sie

Oh du Herz wie kannst du ertragen dass sie fern ist
Und wie wirst du ihre Abwesenheit verwinden

Dann flüstert mir ihr Duft ins Ohr
Rosen halten ihr Versprechen.

فَتْحَتا ناي

كَفَتْحَتَيْ نايٍ لا لِقاءَ لَنا
كَأَنَّنا في الْمَنْفى إلى الْأَبَدِ

لَمْ نَبْتَعِدْ
كَيْ تَنْأى مَشاعِرُنا
وَأَنْتِ قُرْبي
لا تَمْسِكينَ يَدي

Zwei Löcher in einer Flöte

Wie zwei Löcher in einer Flöte können wir uns nicht begegnen
Als wären wir für immer getrennt in der Verbannung

Wir können uns voneinander nicht entfernen
Und die Gefühle verblassen nicht
Du bist mir so nah
Und doch hältst du nicht meine Hand.

صَرَاحَةُ الصَّبَّارِ

أَحْبَبْتُ فِيكِ صَرَاحَةَ الصَّبَّارِ
وَبَرَاءَةَ الصَّحْرَاءِ وَالنُّوَّارِ

حَتَّى السُّكُوتُ عَلَى شِفَاهِكِ حِكْمَةٌ
فَالشَّمْسُ تُكْسَفُ فِي ذَرَا الْأَقْمَارِ

وَكَرَامَةُ الثُّوَّارِ فِيكِ تَشُدُّنِي
نُبْلُ الْفِدَاءِ وَرَمْزُ كُلِّ فَخَارِ

اللَّيْلُ زَيَّنَ شَعْرَهُ بِنُجُومِهِ
وَأَنَا أُكَلِّلُهُ شَذَا أَشْعَارِي

فِي قَهْوَةِ الْخَدَّيْنِ سُكَّرُ فِضَّةٍ
وَفَمُ الْقَصِيدَةِ جَمْرَةٌ مِنْ نَارِ

وَالشِّعْرُ مِثْلُ الْغَيْمِ يَحْمِلُهُ الْهَوَى
حُرًّا يُحَلِّقُ فَوْقَ كُلِّ جِدَارِ

يَعْلُو وَيَرْقُصُ غَيْرَ مُكْتَرِثٍ بِنَا
مُسْتَهْزِئًا بِالْقَيْدِ وَالْأَسْوَارِ

Offenherzigkeit des Kaktus

Ich liebte in dir die Offenherzigkeit des Kaktus
Und die Unberührtheit der Wüste und der Blüten

Selbst das Schweigen deiner Lippen ist Weisheit
Denn die Sonne verdunkelt sich angesichts der Monde

Die Würde der Rebellen in dir zieht mich an
Der Adel der Opferbereitschaft ist Zeichen deines Stolzes

Die Nacht schmückt ihr Haar mit Sternen
Und ich kröne sie mit dem Nektar meiner Verse

Im Kaffeebraun deiner Wangen glitzern Zuckerkristalle
Und der Mund des Gedichtes ist rote Glut

Die Poesie ist wie die Wolken von der Liebe getragen
Frei fliegt sie über alle Hindernisse

Sie steigt auf und tanzt ohne uns zu beachten
Spottet der Ketten und Hürden

ذِكْراكِ لَمْلَمَتِ الْفُؤَادَ فَقَشُّهُ
هَشٌّ إذا لَمْ يَحْتَرِقْ بِشَرارِ

فَاسْتَيْقِظِي حُلُمًا
يُبَشِّرُ بِالنَّدى
بِرَبيعِ حُبٍّ مُزْهِرٍ مِعْطارِ

رُشِّي رَذاذَكِ فَوْقَ صَدْرِ حُقولِنا
فَالشَّوْقُ مِثْلُ الشَّوْكِ وَالْمِسْمارِ

لا تَطْرُقِي الْأَبْوابَ في وَجْهِ الْفَتى
ما كُنْتِ قَدْ غادَرْتِ قَلْبَ الدّارِ

هَيَّأْتُ روحي لِلشِّتاءِ فَما أَتى
مَطَرٌ يَفيضُ هَوىً عَلى أَشْجاري

كَمْ تُهْتُ مُتَّهَمًا بِحُبِّ سَحابَةٍ
بَخِلَتْ عَلى الْبَيْداءِ بِالْأَمْطارِ

وَلَمَحْتُ نَحْلَتَها تُغادِرُ رَوضَتي
يا لَيْتَها حَطَّتْ عَلى أَزْهاري

40

Die Erinnerung an dich sammelte mein Herz wieder ein
Denn sein Stroh vermodert
Wenn nicht ein Funke es entzündet

Wach auf als Traum verkünde den Tau
Die Blüten den Nektar und den Frühling der Liebe

Versprühe deinen Duft über die Herzen unserer Felder
Denn die Sehnsucht ist wie Dornen und Nägel

Verschließe die Türen nicht
Vor dem Angesicht des Jünglings
Solange du das Herz des Hauses nicht verlassen hast

Ich bereitete meine Seele für den Winter vor
Aber es regnete nicht auf meine Bäume

Wie oft habe ich den Weg verloren
Der Liebe zu einer Wolke beschuldigt
Sie geizte mit Regen über der Wüste

Ich bemerkte wie ihre Biene meinen Garten verließ
Hätte sie sich doch nur auf meinen Rosen niedergelassen

وَعَزَفْتُ ذِكْرى الْحُبِّ مِنْ وَجَعِ الصَّدى
كَمْ آلَمْتُ أَلْحانُها أَوْتاري

هذي الْقَصيدةُ طائرٌ وَسَفينةٌ
أَنْتِ الْمَدى وَجَناحُهُ وَبِحاري

أَبْحَرْتُ في لُغَةِ الْعُيونِ فَلَمْ أَصِلْ
في سِحْرِها لا يَنْتَهي إِبْحاري

ما أَوْسَعَ الدُّنْيا بِمُقْلَةِ حالِمٍ!
هَلْ تَلْتَقي بِبِحارِها أَنْهاري؟

وَكَمِ اقْتَرَبْتُ مِنَ الْقَصيدَةِ حائرًا!
ثُمَّ ابْتَعَدْتُ مُبَعْثَرَ الْأَفْكارِ

وَأَعَدْتُ تَرْتيبَ الْحُروفِ مُجَدَّدًا
فَقَرَأْتُ ما بَيْنَ الرَّمادِ دَماري

فَأَدَرْتُ نَرْدَ الشِّعْرِ أَرْجو حَظَّهُ
فَرَأَيْتُ بَدْرًا ساحِرًا بِمَداري

Die Melodie der Erinnerung an die Liebe
Spielte ich mit dem Schmerz des Echos
Wie oft schmerzten meine Saiten durch ihre Lieder

Dieses Gedicht ist Vogel und Schiff
Du bist der Horizont und seine Schwingen
Und meine Meere

Ich segelte in die Sprache der Augen und kam nie ans Ziel
Endlos ist meine Reise in ihrem Zauber

Wie weit ist die Welt in den Augen eines Träumenden
Werden sich meine Flüsse und ihre Meere je begegnen

Wie oft näherte ich mich dem Gedicht in Verwirrung
Und entfernte mich dann in Gedanken zerstreut

Wieder und wieder ordnete ich die Buchstaben neu
Dann las ich in der Asche meinen Untergang

Voller Hoffnung warf ich die Würfel der Poesie
Und erblickte einen zauberhaften Mond in meiner Umlaufbahn

وَتَأَرْجَحَتْ مُدُني عَلى أمواجِها
وَالْمَوْجُ عالٍ ساخِرُ الأطْوارِ

واغْرَوْرَقَتْ مُقَلي بِبَحْرِ دُموعِها
قَلْبُ الطُّفولَةِ جاهِلُ الأخْطارِ

إنِّي غَرِقْتُ على مَشارِفِ حُبِّها
وَتَحَطَّمَتْ سُفُني مِنَ الإعْصارِ

إنْ مُتُّ حُبًّا فَالْحَياةُ جَميلَةٌ
يا إخْوتي لا تَأْخُذوا بِالثّارِ

" إنِّي أُحبّكِ " لَمْ أقُلْها سابِقًا
لا لَنْ أبوحَ لِغَيْرِها أسْراري

خَبَّأْتُ أشْعاري وَكُلَّ مَشاعِري
وَمُذَكَّراتِ الْحُبِّ في آباري

بَعْضُ الْكَلامِ يُصانُ حَتّى يَهْتَدي
ثَمَرًا يَذوبُ على فَمِ الْمُخْتارِ

فَهَمَسْتُ ثُمَّ صَرَخْتُ ثُمَّ أعَدْتُها
وَكَأنَّها تَحْلو مَعَ التِّكْرارِ

Meine Städte schaukelten auf ihren Wogen
Und der hohe Wellengang spottete über jede Stimmung

Meine Augen sind feucht vom Meer ihrer Tränen
Das Herz der Kindheit weiß nichts von den Gefahren

Ich ertrank an den Ufern ihrer Liebe
Meine Schiffe wurden im Sturm zertrümmert

Wenn ich aus Liebe sterbe ist das Leben schön
Meine Brüder ihr sollt nicht Rache nehmen für mich

„Ich liebe dich" habe ich bisher noch nie gesagt
Nein meine Geheimnisse werde ich nur ihr offenbaren

Ich verbarg meine Poesie und all meine Gefühle
Und die Tagebücher der Liebe liegen in meinem Brunnen

Manche Worte bleiben unausgesprochen bis sie reif sind
Früchte zergehen auf den Lippen der Verwirrten

Ich flüsterte und dann schrie ich und wiederholte sie
Als würden sie mit der Wiederholung süßer

" إِنِّي أُحِبُّكِ "
لَنْ أُقِرَّ لِغَيْرِها
فَهِيَ اسْتَقَرَّتْ في صَميمِ قَراري

قَدْ قُدَّ قَلْبي قَبْلَ أَنْ دَقَّ الصَّدى
إِنِّي أُحِبُّكِ أَنْتِ ..
أَنْتِ خَياري.

„Ich liebe dich" werde ich nur ihr gestehen

Denn sie ist tief in meinem Herzen verankert

Mein Herz war zerrissen bis der Widerhall pochte

Ich liebe dich ... Ich habe dich erwählt.

Zur Information: Das ist ein klassisches arabisches Gedicht. Jeder Vers besteht aus zwei Zeilen. Jeder Vers ist vom Sinn her vollständig. Alle Verse reimen sich im Arabischen und haben das gleiche Reimschema. A/A; B/A; C/A;...

نَخْلَتانِ

كَأَنَّا نَخْلَتانِ
يَفْصِلُنا نَهْرٌ
وَأَشْواقٌ سَوْف تَقْتُلُنا

يا لَيْتَ طَيْرًا يَزورُ ضِفَّتَها
يَحْمِلُ حُبًّا لَها
وَيَحْمِلُنا.

Zwei Dattelpalmen

Die Sehnsucht quält uns
Wir sind wie zwei Dattelpalmen
Durch einen Fluss getrennt

Ich wünschte ein Vogel besuchte ihr Ufer
Und trüge die Liebe zu ihr
Und uns in die Lüfte.

لَوْ لَمْ أمُتْ

لَوْ لَمْ أكُنْ قَدْ مُتُّ ..
كُنْتُ حَبيبَها
وَحَمَلْتُ عَنْها هَمَّها
وَصَليبَها

أوْ كُنْتُ سُكَّرَها لِأمْسَحَ دَمْعَها
وَأذوبَ في كَأْسِ الْهَوى وَأُذيبَها

يا رَبُّ دَعْها في فُؤادي وَرْدَةً
عَلَّ السَّعادَةَ أنْ تَكونَ نَصيبَها

مَلَلٌ وَبَرْدٌ ها هُنا تَحْتَ الثَّرى
فَاتْرُكْ لِقَلْبي يا زَمانُ لَهيبَها

سَألَتْ بِصَوْتٍ ذابِلٍ: أيُجيبُني ؟
فَلْتَنْتَفِضْ يا قَلْبُ بي لِتُجيبَها

50

Wenn ich nicht gestorben wäre

Wenn ich nicht gestorben wäre
Wäre ich ihr Geliebter geworden
Und hätte ihre Sorgen und ihr Kreuz getragen

Oder ich wäre zu Zucker geworden
Um ihre Tränen zu trocknen
Und mich wie auch sie im Becher der Liebe aufzulösen

Oh Herr lass sie eine Rose in meinem Herzen sein
Vielleicht wird ihr das Glück zuteil

Öde und kalt ist es hier unter der Erde
Oh Zeit überlasse meinem Herzen ihre Flamme

Sie fragte mit welker Stimme
Liebt er mich
Oh mein Herz erhebe dich in mir um ihr zu antworten

كَانَتْ شُروقي وَابْتِهاجَ قَصائدي

تَبًّا لِصُبْحٍ لَمْ يُلاقِ غُروبَها

تَتَقاطَعُ الطُّرُقاتُ

ثُمَّ تَخونُني

مَعَ كُلِّ زَوْبَعَةٍ لَمَحْتُ هُروبَها

فَوْقَ الْغُصونِ أَنا الْمُعَلَّقُ كَالنَّدى

يا لَيْتَها مَدَّتْ يَدًا لِأُصيبَها

أَخْفَيْتُ دَمْعي

كَيْ تَعيشَ سَعيدَةً

كُنْتُ الْمَريضَ بِحُبِّها

وَطَبيبَها.

Sie war für mich die aufgehende Sonne
Und die Freude meiner Gedichte

Die Wege kreuzen sich und verraten mich dann
In jedem Wirbelwind erblicke ich ihre Flucht

Wie Tautropfen hänge ich in den Zweigen
Oh hätte sie doch nur eine Hand ausgestreckt
Damit ich sie berühre

Ich habe meine Tränen verborgen damit sie glücklich lebt
Ich war krank vor Liebe zu ihr und zugleich ihr Heiler.

كَوْكَبُ الْحُبّ

أَجْمَلُ ما في الْقَصيدِ
أَصْدَقُهُ
وَأَرْوَعُ الشِّعْرِ فيهِ أَعْمَقُهُ

في كُلِّ شَيْءٍ تَراهُ حِكْمَتُهُ
وَلِلْهَوى سِرُّهُ وَمَنْطِقُهُ

يَرْتَعِشُ الْحَرْفُ حينَ أَنْطِقُهُ
كَأَنَّ خَوْفًا ما سَوْفَ يَخْنُقُهُ

وَأَنْسِجُ النَّجْمَ ثُمَّ أَنْثُرُهُ
لِأَنَّهُ لَمْ يَكُنْ يُطَوِّقُهُ

يا لَيْتَني نَهْرٌ في طَبيعَتِهِ
أَجْري إِلَيْهِ لا شَيْءَ يُقْلِقُهُ

إذا أَتاهُ السَّحابُ مُنْفَعِلًا
وَكانَ بَرْقُ السَّماءِ يَسْبِقُهُ

54

Planet der Liebe

Das Schönste am Gedicht
Ist seine Aufrichtigkeit
Und das Wunderbarste ist sein tiefer Sinn

In allem siehst du seine Weisheit
Und die Liebe hat ihr Geheimnis und ihre Logik

Der Buchstabe zittert wenn ich ihn ausspreche
Als ersticke ihn eine Angst

Ich knüpfe eine Kette aus Sternen
Die ich zerreiße wenn das Gedicht sie nicht ziert

Oh wäre ich doch ein Fluss in seinem natürlichen Lauf
Unbekümmert flösse ich hin zu ihm

Wenn die Wolken sich ihm aufgewühlt nähern
Und der Blitz des Himmels ihm voraneilt

وَلَوْ أَجابَ الْقَصيدُ مُقْتَصِدًا
فَيا تُرى قَلْبُهُ يُصَدِّقُهُ؟

مِنْ كَوْكَبِ الْحُبِّ جاءَ يُرْعِدُني
فَانْتَفَضَ الْقَلْبُ فِيَّ يُبْرِقُهُ

أَفْتَحُ بابَ الْحَياةِ مُبْتَهِجًا
فَتَعْبِسُ الرّيحُ وَهْيَ تُغْلِقُهُ

هَلْ هُوَ مِثْلي مُعَذَّبٌ قَلِقٌ
وَبُعْدُهُ عَنّي هَلْ يُشَوِّقُهُ؟

إذا دنا فَاللِّقاءُ يَحْرِقُهُ
وَلَوْ تَناءى الْحَنينُ يَلْحَقُهُ

هذا قصيدي
يا لَيْتَ يُدْرِكُهُ
ما زالَ قَلْبي الْجَريحُ يَعْشَقُهُ

أَعِدْ فؤادي
إنْ كُنْتَ تسمَعُني
يا ساكِنَ الْقَلْبِ
كَيْفَ تسرِقُهُ؟

Und wenn das Gedicht nur knapp antwortet
Wird sein Herz ihm glauben

.....*

Vom Planeten der Liebe
Schleudert sie ihren Donner auf mich
Mein Herz erhebt sich in mir um ihr den Blitz zu schicken

Voller Freude öffne ich das Tor des Lebens
Grimmig schlägt der Wind es zu

Ist sie wie ich gequält und besorgt
Und ihr Fernsein von mir erfüllt sie mit Sehnen

Wenn sie sich nähert verbrennt sie sich an der Begegnung
Und wenn sie sich entfernt folgt ihr die Sehnsucht

Dies ist mein Gedicht
Ich wünschte es würde sie erreichen
Mein verwundetes Herz liebt sie noch immer

Bring mir mein Herz zurück wenn du mich hörst
Du die du in meinem Herzen lebst
Wie konntest du es stehlen?

* *Bis hierhin wird das Gedicht besungen, danach die Geliebte.*

يَقولُ لِنَفْسِهِ

يَقولُ لِنَفْسِهِ
وَالْوَجْهُ في مِرْآتِهِ شاحِبْ

إلهي لا تُعَذِّبْني
إلهي إنَّني تائِبْ

أنا الرَّجُلُ الْعَجوزُ فَلا يَجوزُ
بِأَنْ أُحِبَّ صَبِيَّةً كَالسُّكَّرِ الذَّائِبْ

إلهي لا تُجَرِّبْني فَإِنّي عَبْدُكَ الرّاهِبْ.

58

Er spricht zu sich

Er spricht zu sich
Und sein Gesicht im Spiegel ist blass
Oh Gott quäle mich nicht
Oh Gott ich bereue
Ich bin ein greiser Mann es geht doch nicht
Dass ich ein junges Mädchen liebe süß wie Sirup
Oh Gott führe mich nicht in Versuchung
Denn ich bin dein Mönch und diene nur dir.

لَوْ كُنْتُ أَصْغَرَ

لَوْ كُنْتُ أَصْغَرَ كَيْ أَطِيرَ بِها
لِأَبْعَدَ ما يكونْ
خَلْفَ الْجِبالِ الْعالِيَةْ
بَعْدَ السَّماءِ النَّائِيَةْ
لِأَطِيرَ ما بَعْدَ السّكونْ

لَوْ كُنْتُ أَصْغَرَ كَيْ أُدَلِّلَها
وَأَحْمِلَها على كَتِفِي
وَأَزْرَعَها ضِياءً في الْعُيونْ.

Wenn ich jünger wäre

Ach wäre ich doch nur jünger um mit ihr fliegen zu können
Bis zum Ende der Welt
Hinter die hohen Berge
Weiter als der unendliche Himmel
Um mit ihr bis jenseits der Stille zu fliegen

Ach wäre ich doch nur jünger
Um ihr jeden Wunsch zu erfüllen
Und sie auf Händen zu tragen
Sie mein Augenlicht zu nennen.

لَنْ أقْطِفَ تِلْكَ الْوَرْدَةَ

لَنْ أقْطِفَ تِلْكَ الْوَرْدَةَ
حَتّى لَوْ قَلْبِي قَدْ شُقَّ حَنانا
يَكْفِيني أنْ يَتَسَلَّلَ عِطْرُ الزَّهْرَةِ
بَيْنَ رُموشِ الْعَيْنِ وَيَمْلأُ روحي أُمْنِيَةً وَأمانا.

Ich werde diese Rose nicht pflücken

Ich werde diese Rose nicht pflücken
Selbst wenn mein Herz vor Sehnsucht zerspringt
Es ist mir genug
Wenn ihr Duft sich unter meine Wimpern stiehlt
Und meine Seele mit Wunsch und Gewissheit füllt.

تَرَكْتُ الشَّمْسَ تَنْتَظِرُ

تَرَكْتُ الشَّمْسَ تَنْتَظِرُ
تَرَكْتُ الْبَدْرَ والنَّجْمَاتِ تَنْتَظِرُ
لِتَقْتَنِصَ الْقَصِيدَةَ مِنْ فَمِ الْأَفْعَى
وَتَنْثُرُها عُطُورًا في وِسَادَةِ مَنْ تُحِبُّ

تَرَكْتُ صَيْفًا كامِلًا يَمْضِي
وَكُلُّ الْبَحْرِ لَمْ تَأْبَهْ لَهُ
لا شَيْءَ عِنْدَكَ يَسْتَحِقُّ سِوى بَراءَةِ مَنْ تُحِبُّ

تَرَكْتَ وَقْتًا لا يَجِيءُ
غَدًا وَبَعْدَ غَدٍ
وَماضِيكَ السَّحيقَ
وَجِئْتَ إيقاعًا وَأُغْنِيَةً يُرَدِّدُها الصَّدى
وَيَطيرُ مِنْ كَفَّيْكَ فينيقٌ
يُبَشِّرُ مَنْ تُحِبُّ بِأَنَّهُ الْمَعْنِيُّ والْمَعْنى
فَتَكْتَمِلُ الْقَصِيدَةُ حينَ يَقْرَؤُها وَتَسْكُنُ مَنْ تُحِبُّ.

Du hast die Sonne warten lassen

Du hast die Sonne warten lassen
Den vollen Mond und die Sterne hast du warten lassen
Um das Gedicht aus dem Schlund der Schlange zu erbeuten
Und es als Duft auf das Kissen dessen zu streuen
Den du liebst

Du hast einen ganzen Sommer vergehen lassen
Und das große Meer kümmert dich nicht
Nichts ist für dich von Bedeutung
Außer der Unschuld dessen den du liebst

Du hast eine Zeit vergeudet die nicht zurückkehrt
Morgen übermorgen und deine tief versunkene Vergangenheit
Du kamst als Rhythmus und Lied wie sie im Echo erklingen
Und Phönix fliegt aus deinen Händen auf
Verkündet dem Geliebten dass er Sinn und Absicht ist
Und das Gedicht erst vollkommen wird wenn er es liest
Und ihn bewohnt den du liebst.

عَلى يَدِ الْحُبّ

عَلى يَدِ الْحُبِّ بِالتَّأْكِيدِ مَصْرَعُهُ
لكِنَّهُ فَرِحٌ لا شَيْءَ يُفْزِعُهُ

إِنْ مَرَّ عَذَّبَهُ
وَالْمُرُّ أَعْذَبُهُ
حَتّى ابْتِسامَتُهُ رَقْشاءُ تَلْسَعُهُ

إِنَّ الْحَديثَ عَنِ الْمَحبوبِ يوجِعُهُ
فَالْجُرْحُ ما زالَ مَفْتوحًا يُقَطِّعُهُ

خَجِلْتُ مِنْ قَمَرٍ
لَمّا بَدا قَلِقًا
وَحينَ سالَتْ عَلى الْخَدَّيْنِ أَدْمُعُهُ

قُلْ لِلْفُؤادِ الّذي يَبْكي عَلى طَلَلٍ
لَعَلَّ حَظًّا بِهِ يَوْمًا سَيَجْمَعُهُ

إِذا تَحَدَّثَ أَلْغازًا سَأَفْهَمُهُ
إِنْ لَمْ يُجِبْني فَإِنَّ الْقَلْبَ يَسْمَعُهُ

Durch Liebeshand

Durch Liebeshand ist sein Schicksal besiegelt
Doch er ist glücklich nichts kann ihn erschrecken

Wenn sie vorübergeht quält sie ihn
Und das Bitterste ist das Köstlichste
Ihr Lächeln ist wie eine Natter die nach ihm beißt

Allein die Erwähnung seiner Geliebten peinigt ihn
Denn die Wunde ist immer noch offen
Und er windet sich in Schmerzen

Ich habe mich geschämt vor einem sorgenvollen Mond
Als Tränen über seine Wangen rannen

Sag den Herzen die den Abschied beweinen
Eines Tages wird vielleicht das Glück sie vereinen

Wenn sie in Rätseln spricht werde ich sie verstehen
Und wenn sie mir keine Antwort gibt
Wird das Herz sie hören

وَلَوْ تَلاطَمَ مَوْجُ الْحُبِّ مُبْتَعِدًا

فَإِنَّهُ لِي وَهذا الْبَحْرُ مَوْقِعُهُ

أَنا لَهُ

وَهْوَ لِي

لا شَيْءَ يَفْصِلُنا

لِلنَّهْرِ مَجراهُ وَالشَّلّالُ مَنْبَعُهُ

لا يَبْعُدُ الْحُبُّ عَنّي

فَهْوَ يَسْكُنُني

وَحَيْثُ يَمْضي فَإِنَّ الظِّلَّ يَتْبَعُهُ

اللَّيْلُ يَسْقي حَبيبَ الرّوحِ مِنْ حُلُمي

وَمِنْ ضِياءِ نُجومي الشِّعْرُ يُرْضِعُهُ

يَطيرُ حَيْثُ غُصونُ الْقَلْبِ مُزْهِرَةٌ

لا اللَّاءُ تُنْعِمُهُ لا السّورُ يَمْنَعُهُ

وَلَوْ أَرادَ أَتى

لكِنَّهُ عَنَدٌ

وَإِنْ أَصَرَّ الْهَوى لا شَيْءَ يُقْنِعُهُ

68

Selbst wenn die Wellen der Liebe aufeinander treffend
Sich voneinander entfernen
Sie bleiben mein und dieses Meer ist ihr und der Liebe Ort

Ich gehöre ihr sie gehört mir
Nichts entzweit uns
Der Fluss hat seinen Weg
Und der Wasserfall ist seine Quelle

Die Liebe ist nicht fern von mir denn sie wohnt in mir
Und wohin sie geht folgt ihr der Schatten

Die Nacht nährt die Geliebte meiner Seele
Mit meinem Traum
Und die Poesie stillt sie mit dem Leuchten meiner Sterne

Sie fliegt dahin wo die Zweige des Herzens blühen
Kein Nein keine Mauer werden sie daran hindern

Wenn sie gewollt hätte wäre sie zurückgekommen
Aber sie ist eigensinnig
Denn wenn die Liebe auf etwas besteht
Wird nichts sie überzeugen

قالَ الْوَداعَ
وَعَيْناهُ بِها بَلَلٌ
وَفي يَدَيْهِ فُؤادي الصَّبُّ أَوْدِعُهُ

في جَيْبِهِ الشَّمْسُ غابَتْ وَهْوَ في سَفَرٍ
مَنْ يا تُرى سَوْفَ يُحْيِيني وَيُرْجِعُهُ

يا دَهْرُ يا غَدْرُ يا عُمْرًا يَضيعُ سُدّى
إنْ كُنْتَ تَطْرَحُني فَالْحُبُّ يَجْمَعُهُ

وَأَنْتَ دائي الَّذي يَكْفي لِيَقْتُلَني
دَواءُ حُبِّكَ سُمٌّ كَيْفَ أَجْرَعُهُ

لَوْ شاءَ يَرْحَلُ عَنّي لَسْتُ أَنْزَعُهُ
أَسْقيهِ حُبًّا وَفيْ قَلْبيْ سَأَزْرَعُهُ.

Mit feuchten Augen nahm sie Abschied
Ich legte mein sehnendes Herz in ihre Hände

Auf ihrer Reise nahm sie im Gepäck die Sonne mit sich
Wer mag sie wohl zurückbringen und mich wiederbeleben

Oh du verräterisches Schicksal
Wenn du uns trennst wird die Liebe uns vereinen

Ich bin krank vor Liebe zu dir
Heilung verspricht nur der Giftbecher
Wie soll ich ihn leeren

Wenn sie von mir weggehen will werde ich sie nicht vergessen
Ich benetze sie mit Liebe
Und pflanze sie in mein Herz.

بِجِناحَيْكِ احْمِليني

قبّليني...

قبّليني مرّةً أُخْرى
حلّقي في أُفُقِ الْحُبِّ السّعيدِ

يا سُنونوّةُ لِلْمَجهولِ طيري...
وَخُذيني لِلْبعيدِ

وَاقْطِفي فاكِهَةَ الْحُلْمِ اسْتَحمّي بِضِياءِ النّجْمِ
لا تبْكي على الْماضي التّليدِ

حلّقي أكْثرَ... أعْلى
لا تَهابي
إنْ سَقَطْنا تلْتِقِطْنا كَفُّ بَدْرٍ
ثُمَّ نَعْلو مِنْ جديدِ.

72

Auf deinen Flügeln trage mich

Küss mich

Küss mich noch einmal
Fliege auf zum Horizont der glücklichen Liebe

Oh Schwalbe fliege ins Unbekannte
Nimm mich mit in die Ferne

Pflücke die Frucht des Traumes
Bade im Sternenschein
Beweine nicht den Verlust der Vergangenheit

Fliege weiter und noch höher
Hab keine Angst
Wenn wir fallen
Wird die Hand des vollen Mondes uns halten
Und dann steigen wir wieder auf.

حَنين

الْحَرْفُ فَوْقَ شِفاهِهِ يَرْتاحُ
وَكَأَنَّ طَعْمَكَ يا هَوى تُفّاحُ

قَدْ حَكَّ أَنْفي عِطْرُهُ الْفَوّاحُ
وَلِكُلِّ قَلْبٍ دائِمًا مِفْتاحُ

الْقَلْبُ يَسْأَلُ عَنْكَ في نَبَضاتِهِ
والرّوحُ في خَلَجاتِها تَنْساحُ

صَمَتَتْ غُيومُ الشِّعْرِ قَبْلَ هُطولِها
بَعْضُ الكَلامِ يُصانُ ثُمَّ يُباحُ

يا مَنْ تَحِنُّ لِروحِهِ الْأَرْواحُ
لا تُطْفِئُ الشَّوْقَ اللَّهيبَ الرّاحُ.

74

Sehnsucht

Der Buchstabe rastet auf seinen Lippen
Als hättest du oh Liebe den Geschmack eines Apfels

Sein betörender Duft kitzelt meine Nase
Denn zu jedem Herzen gibt es immer einen Schlüssel

In seinem Pulsieren fragt das Herz nach dir
Und die Seele löst sich in ihrer Anspannung auf

Die Wolken der Gedichte schweigen bevor sie herabregnen
Manche Worte werden verschwiegen
Bevor sie sich offenbaren

Oh du nach dessen Seele sich die Seelen sehnen
Der Wein löscht die lodernden Flammen der Sehnsucht nicht.

الشَّمْسُ تحْرقُ أمْ هيَ الأشْواقُ

الشَّمْسُ تَحْرِقُ أمْ هيَ الأشْواقُ ؟
أيْنَ الأحبّةُ عَنْكَ والْعُشّاقُ ؟

ما لي سَجينٌ والْحياةُ طليقةٌ ؟
يا قلْبُ كلّا...
لا تَقُلْ مُشتاقُ !

الْماءُ لا يَرْوي غليلَ بَيادري
فَالْإنتظارُ نخيلُهُ حَرّاقُ

في الْعَيْنِ يَرْقصُ ظِلُّهُمْ مُتموّجًا
مُتوهّجًا إذْ تُغْمِضُ الْأحْداقُ

الْإبْتسامةُ فوْقَ جرْحي بلْسَمٌ
يا روحُ هلْ في ثغْرِهمْ إشْفاقُ ؟

هَمْسُ الأحبّةِ يمْلأُ الْوادي شذا
فَوْحُ الْعَبيرِ أم الصّدى سَبّاقُ ؟

76

Ist es die Sonne oder die Sehnsucht

Ist es die Sonne oder die Sehnsucht die brennt
Wo sind deine Lieben und die Verliebten geblieben

Warum bin ich gefangen und das Leben ist frei
Nein mein Herz ... Sag nicht du hast Sehnsucht

Kein Wasser löscht den Durst meiner Felder
Die hohen Palmen des Wartens brennen

In den Augen tanzt in Wellen ihr Schatten
Strahlend wenn die Augen sich schließen

Das Lächeln ist Balsam für meine Wunde
Oh Seele finde ich Mitgefühl bei den Liebenden

Das Flüstern der Liebenden erfüllt das Tal mit Nektar
Was war zuerst der Blumenduft oder das Echo

أَيْنَ الْفَرَاشَةُ...
أَيْنَ وَرْدَةُ حِبِّنا؟
عِطْرُ الْبَنَفْسَجِ طَيِّبٌ عَبَّاقُ

أَيْنَ الشُّجَيْرَاتُ الَّتي رَقَصَتْ لَنا؟
في الْفَجْرِ خَبَّأَ دُرَّهُ الدُّرَّاقُ

قُبَلُ النَّدى فَوْقَ الْغُصونِ لآلِئٌ
فَتَمايَلي بِالْعِقْدِ يا أَعْناقُ!

الْأَغْنِياتُ الذَّكْرِياتُ سَفينَتي
وَأَنا لِأَمْواجِ الْهَوى مُنْساقُ

الْبَحْرُ يَرْمينا... يُرينا ضَعْفَنا
يا حُبُّ نَشْهَدُ أَنَّكَ الْعِمْلاقُ

فَارْحَمْ حَبيبًا أَنْتَ تَعْرِفُ حالَهُ!
دَرْبي إِلَيْهِمْ لَوْلَبِيٌّ شاقُ

لِلْحُبِّ أَلْفُ بِدايَةٍ وَنِهايَةٍ
مِنْهُ انْطِلاقٌ... بَعْضُهُ خَنّاقُ

Wo ist der Schmetterling
Wo die Rose unserer Liebe
Lieblich und betörend ist der Duft des Veilchens

Wo sind die Bäume die für uns tanzten
In der Morgendämmerung
Verbarg der Nektarinenbaum seine Früchte

Die Küsse des Taus in den Zweigen
Sind schimmernde Perlen
Oh ihr Zweige tanzt mit dem Halsschmuck

Die Lieder ... die Erinnerungen sind mein Schiff
Und ich gehorche den Wellen der Liebe

Das Meer schleudert uns hin und her
Zeigt uns unsere Schwäche
Oh du Liebe wir bezeugen dass du eine Gigantin bist

Erbarme dich eines Verliebten dessen Lage du kennst
Mein Weg zu den Geliebten ist voller Windungen
Und mühsam

Zur Liebe gehören tausendfach Anfang und Ende
Manches davon ist Aufbruch ... anderes erstickend

مُتَعَجِّبًا مِنْ بَحْرِهِ هذا الْهَوى
لَوْ غُصْتُ فِيهِ تَخْتَفِي الْأَعْمَاقُ

أَوْ صِرْتُ طَيْرًا كَيْ أُقَبِّلَ نَجْمَهُ
فِي اللَّانِهايةِ تَسْقُطُ الْآفَاقُ

الْحَرْفُ يَرْكُضُ نَحْوَهُ مُتلهِّفًا
لا الْخَوْفُ يُوقِفُهُ وَلا الْإِخْفَاقُ

العُمْرُ نَهْرٌ راقِصٌ مُتَعَرِّجٌ
ما نالَ مِنْ إِصْرارِهِ الْإِزْهاقُ

إِنْ كُنْتَ تَلْقَاهُ
فَقُلْ يا طَيْرُ لِي
هلْ يا تُرى هُوَ لِلْهَوى تَوَّاقُ ؟

ما زِلْتُ أَذْكُرُهُ وَأَعْشَقُ روحَهُ
قَطْرُ الْقَصِيدةِ كاسْمِهِ رَقْرَاقُ

مَنْ ذاقَ طَعْمَ الْحُبِّ يَرْفُضُ غَيْرَهُ
لمْ تَخْتَلِفْ فِي حُكْمِها الْأَذواقُ

Ich bin erstaunt über das Meer der Liebe
Wenn ich hineintauche verschwinden die Tiefen

Oder ich werde zum Vogel um ihren Stern zu küssen
Die Horizonte fallen in die Unendlichkeit

Der Buchstabe eilt voller Erwartung auf sie zu
Weder Angst noch Versagen halten ihn auf

Das Leben ist ein tanzender sich windender Fluss
Ermüdung kann seiner Beharrlichkeit nichts anhaben

Wenn du sie triffst
Dann sag mir oh Vogel
Verlangt vielleicht auch sie nach Liebe

Ich erinnere mich an sie noch immer und liebe ihre Seele
Die Süße des Gedichts ist so zauberhaft wie ihr Name

Wer einmal die Liebe geschmeckt hat lehnt alles andere ab
In ihrem Urteil sind alle sich einig

الْحُبُّ مَنْفى الْعاشِقينَ جَميعِهِم
وَطَنٌ لَهُم ... وَلِروحِهِم إِعْتاقُ

وَالسِّرُّ فيهِ أَنَّهُ مُتجدِّدٌ
مُتمرِّدٌ... هُوَ مُبدِعٌ خلَّاقُ

لَنْ يَنْضبَ الشَّلَّالُ بَيْنَ ربوعِنا
إنَّ الْمَحبَّةَ نَبْعُها الْأَخْلاقُ

نَهْرُ الْغَرامِ قصيدةٌ إيقاعُها
مُتَسارِعٌ...
مُتَدافِعٌ دفَّاقُ

وَلكُمْ يَسيرُ النّيلُ مِلْءَ حَنانِهِ
في طيِّهِ الْأَشْعارُ وَالْإِشْراقُ

مَهْما ابْتعَدْنا سَوْفَ يَبْقى حُبُّنا
عَلَمًا يُرفْرِفُ نَبْضُهُ خَفّاقُ

لَمْ تَنْتهِ الْأَشْواقُ
لكِنْ قِصَّتي
هَبَّ النّسيمُ فطارَتِ الْأَوْراقُ.

Die Liebe ist das Exil aller Verliebten
Ist ihnen Heimat und Befreiung für ihre Seelen

Ihr Geheimnis ist dass sie sich ständig erneuert
Sie ist eine rebellische schöpferische Kraft

Der Wasserfall in unserem Land wird niemals austrocknen
Die Liebe entspringt der Moral

Der Fluss der Liebe ist ein Gedicht
Dessen Rhythmus sich beschleunigt
Drängend und sich überstürzend

Zu euch hin fließt der Nil voller Zärtlichkeit
Voll Poesie und Rhythmus in seinem Faltenwurf

Ganz gleich wie weit wir uns voneinander entfernen
Unsere Liebe wird bleiben
Wie eine flatternde Fahne mit pochendem Puls

Die Sehnsucht endet nicht
Wohl aber meine Geschichte
Die Brise wehte und die Blätter flogen davon.

لَمْ تَنْتَظِرْ

لَمْ تَنْتَظِرْ كَيْ يُرَتِّبَ عَرْشَ الْقَصيدَةِ
لَمْ تَنْتَظِرْ كَيْ يُتَوِّجَها مَلِكَة.

الْبَحْرُ أَجْمَلُ .. أَجْمَلُ بَحْرُ الْهَوى
هَتَفَتْ وَأَنا .. وأَنا سَمَكَة.

لَمْ تَنْتَظِرْ كَيْ يَقولَ: أُحِبُّكِ.
أَوْ يَقْطِفَ الْبَدْرَ
لَمْ تَنْتَظِرْ كَيْ يُوَدِّعَها
وَيَقولَ لَها: حاذِري .. حاذِري الْبَحْرَ والشَّبَكَة.

84

Sie wartete nicht

Sie wartete nicht
Bis er den Thron des Gedichtes bereitet hatte
Sie wartete nicht bis er sie zur Königin krönte
Das Meer ist schöner
Schöner ist das Meer der Liebe rief sie
Und ich bin eine Meerjungfrau

Sie wartete nicht bis er sagte
Ich liebe dich
Bis er den vollen Mond erntete
Sie wartete nicht bis er von ihr Abschied nahm
Und ihr sagte
Gib acht ... gib acht ... das Meer und das Netz.

وداع

وَداعاً حَبيبي وَداعا
فَأَنْتَ اتَّخَذْتَ مِنَ الْحُجَجِ الْواهِياتِ قِناعا
وَشَيَّدْتَ مِنْ عَبَثِ الْوَهْمِ فَوْقَ الرِّمالِ قِلاعا
وَكَمْ قُلْتَ لي: حُبُّنا مُسْتَحيلٌ
وَكانَ الْغَرامُ لَها مُسْتَطاعا

وَداعاً حَبيبي وَداعا .. بِدونِكَ يَزْدادُ كَوْني اتِّساعا

وَكَمْ كُنْتُ وَحْدي وَتَزْدادُ بُعْدًا
وَيَزْدادُ بِالشَّوْقِ ضَغْطي ارْتِفاعا
وَقَدْ كُنْتُ أَزْرَعُ في الْقَلْبِ حُبًّا
بِفَأْسِكَ أَنْتَ أَجَدْتَ اقْتِلاعا

وَكَمْ هَمَسَتْ وَرْدَتي: يا حَبيبي
وَلَمْ يُحْسِنِ النَّحْلُ فيكَ اسْتِماعا

وَكَمْ هَتَفَ الْقَلْبُ بِاسْمِكَ طَوْعًا
وَما قُلْتَهُ لي فَكانَ اصْطِناعا
وَلا يُقْنِعُ الْحُبُّ قَلْبًا إذا لَمْ يُرِدْ أَبَداً هُوَ مِنْهُ اقْتِناعا.

Abschied

Lebe wohl mein Liebling lebe wohl
Du verbirgst dich
Hinter einer Maske ausgeklügelter Argumente
Und hast aus sinnlosen Illusionen
Schlösser auf Sand gebaut
Wie oft hast du mir gesagt
Unsere Liebe ist unmöglich
Aber deine Liebe zu ihr war denkbar

Lebe wohl mein Liebling lebe wohl
Ohne dich wird meine Welt weit

Wie oft war ich allein und du hast dich entfernt
Und die Sehnsucht hat mich krank gemacht
Ich pflanzte Liebe ins Herz
Doch du hast sie mit deiner Axt gefällt

Wie oft flüsterte meine Rose oh mein Geliebter
Aber sie fand kein Gehör bei deinem Bienenvolk

Wie oft rief das Herz immer wieder deinen Namen
Und was du mir erzähltest war nicht echt
Die Liebe kann kein Herz überzeugen
Das sich nicht überzeugen lässt.

يا لَيْتَ أَنْساهُ

أَلْقاهُ في حُلُمي
فَيَنْثُرُ لي رَحيقَ الْوَرْدِ
يُسْمِعُني كَلامًا مِنْ كَلامِ الْحُبّ
يَحْمِلُني... نَطيرُ عَلى بِساطِ الرّيحِ
يَعْلو بي إلى غَيْمِ الْقَصائِدِ
نَقْطِفُ الْأَلْوانَ مِنْ شَجَرِ السَّعادَةِ
ثُمَّ يَزْرَعُ خَنْجَرَ النِّسْيانِ في جَسَدي
وَيَرْميني
فَيوقِظُني صِياحُ الدّيكِ في أُذُنِ الْجَرائِدِ
لا أُريدُ النَّوْمَ حَتّى لا أَراهُ
أَخافُ مِنْ ضَعْفي إذا الْتَقَتِ الْعُيونُ

أَخافُ مِنْ خَوْفي
وَمِنْ قَسَمٍ سَأَنْكُثُهُ قُبَيْلَ الْقُبْلَةِ الْأُولى
وَمِنْ قَلَمٍ يَزُفُّ قَصيدَةً لي
ثُمَّ يَرْقُصُ فَوْقَ دَفْتَرِها
وَيُهْديها قَصائِدَ حُبِّنا

Ach könnte ich ihn vergessen

Ich treffe ihn in meinem Traum
Er benetzt mich mit dem Nektar der Essenz der Rosen
Er spricht Worte der Liebe zu mir
Und nimmt mich mit auf dem fliegenden Teppich
Er trägt mich hinauf bis zu den Wolken der Poesie
Wir pflücken die Farben von den Bäumen des Glücks
Und dann pflanzt er mir den Dolch des Vergessens in den Leib
Und wirft mich fort
Der Hahnenschrei weckt mich
Ich möchte nicht schlafen damit ich ihn nicht sehen muss
Ich fürchte meine Schwäche
Wenn unsere Blicke sich begegnen

Ich habe Angst vor meiner Angst
Vor einem Eid den ich nach dem ersten Kuss nicht halten kann
Angst vor einem Stift der mir feierlich ein Gedicht vorträgt
Und dann über ihre Hefte tanzt
Und ihr unsere Liebesgedichte schenkt

يا لَيْتَ أَنْسى مُرَّهُ
حَتّى اسْمَهُ
يا لَيْتَ أَنْسى سُمَّهُ!
هَيْهاتِ أَنْسى عِطْرَهُ
أَوْ شِعْرَه!
يا لَيْتَ أَنْساهُ
وَأَنْسى مَنْ أَنا!

Ach könnte ich seine Bitterkeit vergessen
Selbst seinen Namen
Ach könnte ich sein Gift vergessen
Wie aber könnte ich seinen Duft
Oder seine Gedichte vergessen
Ach könnte ich ihn vergessen
Und vergessen wer ich bin.

أُحاور روحي

أُحاوِرُ روحي
فَتَهْزِمُني بِبَراعةٍ مَنْطِقِها
أَدّعي أَنّي بَعْدَ تِلْكَ الْهَزيمةِ
لَنْ أَدَعَ الْحُبَّ يُحْزِنُني مِنْ جَديدٍ
أقولُ: لقَدْ تُبْتُ عَنْهُ
تَرُدُّ عليَّ:
هُوَ الْحُبُّ ليْسَ قَرارًا لِتَمْنَعَهُ
أَوْ لِتَقْبَلَهُ
كابْتِسامةِ طِفْلٍ يَجيءُ بَريئًا
فيفتحُ قَلْبَكَ يُزْهِرُ فيهِ الْقرنْفُلُ
يأتي الْفَراشُ
لِيَطْبعَ قُبْلَتَهُ فَوْقَ خَدِّكَ
عَفْوًا يَجيءُ الْهَوى
لَيِّنًا كالنّدى
يَمْسَحُ الْحُزْنَ عَنْكَ

92

Spiritueller Dialog

Ich diskutiere mit meiner Seele
Sie bezwingt mich mit der Brillanz ihrer Logik
Ich behaupte nach dieser Niederlage
Werde ich nicht zulassen
Dass die Liebe mich wieder betrübt
Ich sage ich bereue es
Sie antwortet
Die Liebe ist keine Entscheidung um sie zu verhindern
Oder um sie zu akzeptieren
Unschuldig wie das Lächeln eines Kindes kommt sie
Öffnet dein Herz und die Nelken blühen
Die Schmetterlinge kommen
Küssen dich auf deine Wange
Ohne Ankündigung kommt die Liebe
Sanft wie der Tau
Wäscht den Kummer von dir ab

يَزورُكَ طَيرٌ بِمِنْقارِهِ كُلُّ ثَرْوتِهِ
فتصيرُ الأُمورُ لَدَيْكَ بِلا قيمةٍ
هكذا الْحُبُّ يأتي
خَفيفًا كَريشَةِ طيْرٍ
رَقيقًا كَقطرةِ ماءٍ
عَنيفًا كنارٍ يَهَبُّ
وَبَحْرٍ يَهيجُ بِلا مَوْعدٍ
هكذا الْحُبُّ يأتي.

Ein Vogel besucht dich
All sein Reichtum in seinem Schnabel
Die Dinge werden wertlos für dich
So kommt die Liebe
Leicht wie Vogelfedern
Zart wie ein Wassertropfen
Gewaltig wie das Feuer
Und wie ein überraschender Tsunami
So kommt die Liebe.

لَمْ أَفْتَقِدْ أَحَدًا

لَمْ أَفْتَقِدْ أَحَدًا سِواكِ
فَأَيْنَ أَنْتِ
وَكَيْفَ ضاعَ هَواكِ؟
مُنْذُ عَرَفْتُ عُمْري حينَ لامَسْتُ الْقَصيدَةَ في يَدَيْكِ
تَحَوَّلَتْ أَشْواكُ مَنْفاها مَدًى وَوُرودَ حُبٍّ.
كَمْ كَبُرْنا عَنْ تَفاصيلِ الْكَلام
وَلَمْ نَبُحْ إِلّا إِذا أَغْمَضْتِ عَيْنيْ بِابْتِسامِ الضَّوْءِ في ثَغْرِ الطَّبيعَةِ.
أَيْنَ أَنْتِ
لِتَرْسُميني مِنْ جَديدٍ طائِرًا أَوْ شاعِرًا
لِنَلُمَّ أَلْوانَ الْمَعاني مِنْ بِحارِ الْمُسْتَحيلِ. أَنا وَأَنْتِ.
أَنا وَأَنْتِ أَنا احْتِمالُكِ يا مَلاكي. أَنْتِ مالِكَةٌ وَساكِنَةٌ كِياني
مُنْذُ بِدْءِ الْكَوْنِ في جَسَدي وَتَشْكيلِ الْجِبالِ
وَرَسْمِ خارِطَةِ الْبِلادِ بِريشَةِ الْأَنْهارِ.

Ich habe niemanden vermisst

Außer dir habe ich niemanden vermisst, wo bist du und
wie ist deine Liebe verloren gegangen? Seit ich mein
Leben erkannte, als ich das Gedicht in deinen Händen
berührte, verwandelten die Dornen des Exils sich zu
Horizont und Liebesrosen. Wie sehr erhoben wir uns
beim Reden über die Kleinigkeiten?
Wir flüsterten nur, wenn du meine Augen mit dem
Lächeln des Lichts im Mund der Natur schlossest.
Wo bist du, damit du mich noch einmal zeichnest als
Vogel oder als Dichter,
damit wir die Farben der Bedeutungen aus den Seen
des Unmöglichen sammeln?
Ich und du. Ich bin deine Wahrscheinlichkeit,
oh mein Engel.
Seit dem Beginn des Universums in meinem Körper und
seit der Bildung der Berge durch die Flüsse
besitzt du mich und bewohnst mein Sein.

شَلَّالَاتُ شَوْقٍ تَمْلَأُ الْأَوْدِيَةَ كُمَّثْرَى
أنا الْآتِي إِلَيْكِ عَلى جَناحِ الرّيحِ في عَيْنَيْ بَريقٌ.
سَوْفَ تُنْكِرُني التِّلالُ
وَتَدّعي ما لا تَعيهِ فَراشَةُ الْمَعْنى الْبَريئَةُ
وَالْأَسيرَةُ في حِبالِ الضَّوْءِ.

أَيْنَكِ كَيْفَ خَبَّأَكِ الظَّلامُ؟
تَثاءَبي حَتّى تَفيقَ الشَّمْسُ في أَحْداقِ هذي الْأَرْضِ،
لا تَتَوَقَّفي
لا تَنْظُري لِلْخَلْفِ تُرْشِدْكِ الْغَزالَةُ نَحْوَ سِرِّ بُحَيْرَتي.
هَلْ أَنْتِ وَحْدَكِ؟
ضَيِّقٌ مَنْفى النَّجاةِ مِنَ الذِّئابِ،
إذا ذَهَبْنا لا إِيابَ إلى هُنا.
ما زالَ قَلْبي في انْتِظارِكِ فَافْتَحي الْأَبْوابَ وَانْطَلِقي مَعي.
لَمْ أَفْتَقِدْ أَحَدًا سِواكِ
فَأَيْنَ أَنْتِ
وَكَيْفَ ضاعَ هَواكِ؟

Wasserfälle aus Sehnsucht füllen die Täler mit Birnen.
Ich komme zu dir auf dem Flügel des Windes mit Blitzen in
meinen Augen. Die Hügel werden mich verleugnen und
behaupten, was der unschuldige und im Schimmer des Lichts
gefangene Schmetterling nicht versteht.

Wo hat die Dunkelheit dich verborgen?
Gähne, bis die Sonne in den Augen dieser Erde aufgeht,
hör nicht auf! Schau nicht zurück, die Gazelle führt dich
zum Geheimnis meines Sees.
Bist du allein? Eng ist das Exil der Flucht vor den
Wölfen. Wenn wir gehen, gibt es ist kein Zurück mehr.
Mein Herz wartet immer noch auf dich. Öffne die Tore
und geh mit mir.
Ich habe niemanden außer dir vermisst, wo bist du und
wie ist deine Liebe verloren gegangen?

قُطوفٌ من حَديقةٍ سِرّيّة

يا أَيُّها اللّيْلُ زادَني قَلَقا
وَفاضَ قَلْبي بِبُعْدِهِ أَرَقا

وَنَحْنُ نَجْمانِ في سَماءٍ هَوى
لا نَتلاقى إلّا لِنَفْتَرِقا

يُلأْلِئُ الدّمْعُ في مَجَرَّتِنا
سَيَهْتَدي لي لَوْ يَتْبَعُ الطُّرُقا

هُوَ الْقَصيدُ الّذي سَيَغْزِلُني
عِقْدًا جَميلًا يُزَيِّنُ الْعُنُقا

يا أَيُّها الْعاشِقونَ في ثِقَةٍ
نَطيرُ لِلشَّمْسِ نَنْثُرُ الْأَلَقا

فَلْنَعْزِفِ الْحُبَّ روحَ أُغْنِيةٍ
فَكُلُّ ما يَحْيا بِاسْمِهِ نَطَقا

100

Früchte aus einem geheimen Garten

Oh du Nacht er vermehrte meine Sorge
Mit Unruhe ist mein Herz überschwemmt

Wir sind zwei Sterne am Himmel der Liebe
Wir treffen uns nur um Abschied zu nehmen

Die Tränen leuchten in unserer Galaxis
Er wird mich finden wenn er der Milchstraße folgt

Es ist das Gedicht das mich erschaffen wird
Als eine schöne Kette die den Hals schmückt

Oh ihr Liebenden
Vertraut fliegen wir zur Sonne um das Licht zu säen

Lass den Geist der Liebe ein Lied spielen
Alles was lebt spricht in seinem Namen

وَكَيْفَ أَنْسى؟ يَشُدُّني الْوَلَهُ
فَإِنَّهُ الْبَدْرُ ما لَهُ شَبَهُ

روحي تُناديهِ وَالْفُؤَادُ لَهُ
فَلَيْتَهُ لِلْقَصيدِ يَنْتَبِهُ

يا لَيْلُ طَلَّ الْحَبيبُ مُشْتاقا
يَكْسو نُجومَ السَّماءِ أَشْواقا

وَتَلْمَعُ الْعَيْنُ مِنْ بَريقِ هَوَى
وَالنَّبْضُ يَعْلو إِلَيْهِ خَفّاقا

هذا الْحَبيبُ الَّذي أَحِنُّ لَهُ
قَدْ هَفَّ قَلْبي إِلَيْهِ تَوّاقا

ضُمَّ جَناحي لِكَيْ تَطيرَ بِهِ
يا عَلَمَ الْحُبِّ دُمْتَ خَفّاقا

102

Wie kann ich vergessen
Mich zieht die Absicht
Er ist der volle Mond ihm ähnelt keiner

Meine Seele ruft ihn
Mein Herz ist seines
Ich wünschte das Gedicht weckte seine Aufmerksamkeit

Oh du Nacht sehnsüchtig strahlt der Geliebte
Er schmückt die Sterne des Himmels mit Sehnsucht

Das Auge glänzt von Liebesblitzen
Und der hohe Puls flattert eifrig zu ihm

Dies ist der Geliebte nach dem ich mich sehne
Zu ihm strebte mein Herz

Umarme meine Schwingen um mit ihnen zu fliegen
Oh du Fahne der Liebe du sollst ewig wehen

النَّبْضُ مِنْ شَوْقِهِ قَدِ ارْتَفَعا
وَالْقَلْبُ نادى فَلَيْتَهُ اسْتَمَعا

وَحْدي مَعَ الشَّوْقِ مُرْهَقٌ قَلِقٌ
وَالْهَجْرُ قَدْ زادَ وَحْدَتي وَجَعا

قَدْ خَبَّأَ اللَّيْلُ عَنْكَ أَنْجُمَهُ
وَأَنْتَ ما زِلْتَ عاشِقًا وَلِعا

يا قَلْبُ إِنَّ انْتِظارَهُ عَبَثٌ
لَوْ كانَ يَهْواكَ كانَ قَدْ رَجِعا

أَمامَ عَيْنَيَّ تَخْتَفي الطُّرُقُ
وَالْحُلْمُ يَهْوي يَشُدُّهُ الْغَرَقُ

نَسيرُ أَسْرى وَسِرُّنا قَفَصٌ
هذي تَمامًا أَحْوالُ مَنْ عَشِقوا

مَصيرُنا في الشَّقاءِ مُشْتَرَكٌ
فَالْمَوْجُ مِثْلي يَهُزُّهُ الْقَلَقُ

Der Puls seiner Sehnsucht ist gestiegen
Und das Herz ruft
Hoffentlich hört er zu

Beunruhigt und besorgt bin ich allein mit der Sehnsucht
Verlassenheit hat den Schmerz meiner Einsamkeit verstärkt

Vor dir hat die Nacht ihre Sterne verborgen
Und du hörst nicht auf zu lieben

Oh Herz es ist sinnlos auf ihn zu warten
Wenn er dich liebte wäre er zurückgekehrt

Vor meinen Augen verschwinden die Wege
Beim Ertrinken hinabgezogen versinkt der Traum

Wir sind Gefangene unser Geheimnis ist ein Käfig
Genau dies ist der Zustand derjenigen die lieben

Unser Schicksal im Elend ist eins
Die Welle wird wie ich von Besorgnis bewegt

إنَّ فُؤادي يَذوبُ مُنْتَظِرًا
مِنْ شَوْقِهِ لِلْحَبيبِ يَحْتَرِقُ

يُقارِعُ اللَّيلَ مُرْهَقًا سَهَري
تَذْبُلُ عَيْنِي يَقُدُّها الأَرَقُ

لا صُدَفُ الْمُسْتَحيلِ تَجْمَعُنا
كُلُّ دُروبِ الْحَياةِ مُفْتَرَقُ

يا روحُ إِنِّي أَزورُهُ عَبَثا
كَمْ باحَ حُبًّا وَبَعْدَها نَكَثا

قَدْ زادَ لَوْمي أَسًى عَلى وَجَعي
وَهَلْ يُلامُ الْغَريقُ إِنْ لَهَثا؟

لا تُغْلِقِ الْقَلْبَ إِنْ أَتاكَ هَوًى!
إِنْ كانَ حُرًّا فَإِنَّهُ مَكَثا

يا مَنْ أَضَعْتَ الْحَياةَ مُنْتَظِرًا
يَلْقى الْحَبيبُ الْحَبيبَ لَوْ بَحَثا

Wartend schmilzt mein Herz dahin
Von der Sehnsucht zum Geliebten verbrennt es

Um wach zu bleiben kämpfe ich gegen die Nacht
Meine Augen sind von Schlaflosigkeit verdorrt

Die Zufälle des Unmöglichen bringen uns nicht zusammen
Alle Lebenswege sind Kreuzungen

Oh meine Seele ich besuche ihn vergeblich
Wie oft sprach er seine Liebe aus und leugnete sie dann

Das Tadeln hat meinen Schmerz mit Trauer verstärkt
Darf man dem Ertrinkenden die Schuld geben
Wenn er röchelt

Schließe nicht das Herz wenn eine Liebe zu dir kommt
Wenn sie frei ist verweilt sie

Oh du der du das Leben wartend verlorst
Der Liebende findet den Geliebten wenn er sucht

بِخِفَّةِ الْحُبِّ يَسْقُطُ الْمَطَر
عَلَى فُؤَادي وَيُزْهِرُ الشَّجَر

بِجَبَلِ شَوْقٍ كَانَتْ تُعَلِّقُني
فَرَاشَةُ الضَّوْءِ ثُمَّ تَنْتَحِر

الْمُقْلَتانِ الْجَميلَتانِ لَها
بُعْدُ الْمَدى والنّجومُ والْقَمَر

أمّا أنا فَالْقَصيدُ لي وَطَنٌ
والْحُلْمُ بِالْمُسْتَحيلِ والنَّظَر

لَمّا الْتَقَيْنا وَنَحْنُ في عَجَلٍ
كُلُّ الْمَواعيدِ قُلْتُ تَنْتَظِر

كُلَّ مَساءٍ وَقَبْلَ أَنْ أَنْسى
يُطِلُّ شِعْرًا وَيُرْهِفُ الْحِسّا

أمْواجُ بَحْرِ الْقَصيدِ تَحْمِلُهُ
يا قارِبَ الْحُبِّ لَيْتَني الْمَرْسى

فَقالَ لي والدُّموعُ تُثْقِلُهُ
في عالَمي الْبَدْرُ لا يَرى الشَّمْسا

108

Mit der Leichtigkeit der Liebe fällt der Regen
Auf mein Herz und die Bäume blühen

Mit einem Faden der Sehnsucht fängt mich
Der Schmetterling des Lichts
Und vergeht
Die schönen Augen sind ihre
Die Weite die Sterne und der Mond

Mir ist das Gedicht eine Heimat
Und der Traum vom Unmöglichen und das Betrachten

Als wir uns in Eile trafen
Sagte ich
Alle Termine müssen warten

Jeden Abend bevor ich es vergesse
Rührt er die Sinne mit seinem poetischen Blick

Meereswellen des Gedichts tragen ihn
Oh du Liebesboot ich wünschte ich wäre der Hafen

Er sprach zu mir und die Tränen belasteten ihn
In meiner Welt sieht der volle Mond die Sonne nicht

وَحينَ قَلْبُ الْحَبيبِ يَنْشَرِحُ
يَسيلُ شِعْري نَدًى وَيَنْسَرِحُ

لَمّا رَأَيْتُ الْحَبيبَ مُبْتَسِمًا
باحَتْ لَهُ الْعَيْنُ أَنّي فَرِحُ

قَدْ كانَ غُصْنًا وَكُنْتُ بُلْبُلَهُ
وَمالَ شَوْقاً لِكَيْ أُدَلِّلَهُ

يَعْلو بِنا الْبَدْرُ في الْمَدى حُلُمًا
يُحْمِلُنا مَرَّةً لِنَحْمِلَهُ

ما أَجْمَلَ الْحُبَّ حينَ نَتَّفِقُ
فَالْبَحْرُ مِنْها وَلي أَنا الْغَرَقُ

نَمْشي عَلى الْغَيْمِ مِلْؤُنا فَرَحٌ
نَرُشُّ حُبًّا وَنَحْنُ نَحْتَرِقُ

وَحَظُّكَ الْحُبُّ يَفْلِقُ الْحَجَرا
يُحَرِّرُ الْمارِدَ الّذي انْحَشَرا

تُراقِصُ الرّيحُ النّارَ في جَسَدي
يا عَبْقَرَ الشِّعْرِ أَنْتَ مَنْ شَعَرا.

110

Wenn das Herz des Geliebten aufgeht
Tropft meine Poesie wie Tau und fließt dahin

Als ich den Geliebten lächeln sah
Verriet mein Auge ihm dass ich voll Freude war

Er war ein Zweig und ich war seine Nachtigall
Er wandte sich um damit ich ihn verwöhnte

Der volle Mond trägt uns als Traum zum Horizont
Er trägt uns einmal damit wir ihn tragen

Wie schön ist die Liebe wenn wir uns einig sind
Denn ihres ist das Meer meines ist das Ertrinken

Voller Freude schreiten wir auf den Wolken
Wir vergießen Liebe während wir brennen

Dein Glück die Liebe entzweit den Felsen
Befreit den eingeschlossenen Geist

Der Wind tanzt mit dem Feuer in meinem Körper
Oh du Teufel der Lyrik du bist der Dichter.

بِئْرُ

يا بِئْرُ
جِئْتُكِ مَغْمُومًا وَظَمْآنا
عانى الْفُؤَادُ مَعَ الْأَحْبابِ ما عانى

الْخَوْفُ يَفْتَرِسُ الْأَحْلامَ يشْنُقُها
وَالدّمْعُ يَفْتَرِشُ الْأَحْداقَ ديوانا

نَسَجْتُ مِنْ قَصَبِ الْهِجْرانِ أُغْنيتي
هذا قَميصُ قَصيدي فاحَ أَشْجانا

لَقَدْ شَرِبْتُ مِنَ الْأَنْهارِ أَعْذَبَها
كَمِ ارْتَوَيْتُ
وَظَلَّ الْقَلْبُ عَطشانا!

ماذا سَأَشْرِبُ وَالْآبارُ خاوِيَةٌ؟
رَمَيْتُ دَلْوي فَفاضَ الدّلْوُ أَحْزانا

الرّوحُ تَغْطِسُ بِالْأَتْراحِ مُثْقَلَةً
كَأَنَّ في الْبِئْرِ لِلْأَفْراحِ أَكْفانا

Brunnen

Gekränkt und durstig kam ich zu dir oh du Brunnen
So oft litt das Herz durch die Liebenden

Die Angst frisst die Träume
Und Tränen füllen die Augen

Aus den Fäden der Ferne webte ich mein Lied
Das Hemd meines Gedichtes verströmt den Dunst der Trauer
Ich habe aus den reinsten Flüssen getrunken
Aber das Herz ist immer noch durstig

Was soll ich trinken und die Brunnen sind leer
Ich warf mein Gefäß hinein
Es füllte sich mit Kummer

Beschwert mit Sorgen versinkt die Seele
Als ob im Brunnen Särge auf die Freude lauerten

يا بِئْرَ سِرِّي
أَتَاكِ الْحَرْفُ مُنْدَفِعًا
فَبَلِّلِي فَمَهُ شَوْقًا وَوِجْدَانا!

يا بِئْرَ شِعْرِي
رَمَيْتُ الدَّلْوَ في أَمَلٍ
أَنْ تَمْلَئِي قَلَمِي نارًا وَبُرْكانا

أَغْرَقْتُ في لَيْلِكِ الْمُمْتَدِّ مِحْبَرَتِي
فَكَحِّلِي لُغَتِي شِعْرًا وَأَوْزانا

هَلْ هَلَّ بَدْرِي
وَعِقْدُ النَّجْمِ طَوَّقَهُ
أَمِ اسْتَراحَ هُنا الْمَحْبوبُ .. أَوْ بانا؟

يُلَأْلِئُ الْمَوْجُ في عَيْنَيَّ نَعْسانا
كُوني لَهُ حُلُمًا ..
بَحْرًا وَشُطْآنا!

وَكَيْفَ أَغْفو وَأَصْحو
وَهْوَ يَسْكُنُنِي
كَالْوَرْدِ يَجْرَحُهُ شَوْكُ الّذِي خانا؟

114

Oh du Brunnen meines Geheimnisses
Zügig kam mein Alphabet zu dir
Befeuchte seine Lippen mit Sehnsucht und Gefühl

Oh du Brunnen meiner Poesie
Voller Hoffnung warf ich meinen Eimer fort
Auf dass du meine Feder mit Feuer und Vulkan füllest

Ich goss meine Tinte in deine endlose Nacht
Schmücke meine Sprache mit Lyrik und Rhythmus

Ist mein Vollmond erschienen
Umgeben von einer Kette aus Sternen
Hat der Geliebte hier gerastet

Schlafend schillern die Wellen in meinen Augen
Sei für sie ein Traum ein Meer und sein Strand

Wie soll ich einschlafen
Oder wach bleiben und er wohnt in mir
Wie die Rosen von den Dornen
Verletzt und verraten werden

ما زالَ يَلْسَعُني ذاكَ العَبيرُ لَهُ
يَلْتَفُّ حَوْلَ يَدي شالًا وَثُعْبانا

ما كُنْتُ أَعْرِفُ
أنَّ القَلْبَ مِنْ حَجَرٍ
أنَّ الأَحِبَّةَ قَدْ يَقْسونَ أحيانا

وَلَوْ هَوَتْ نَجْمَةٌ مِنْ عَيْنِ عاشِقَةٍ
فَوْقَ الرُّكامِ
لَصاحَ الدّيكُ فَرْحانا

لَوْ كُنْتُ أَعْلَمُ ما أَصْبَحْتُ أَعْرِفُهُ
لَما دَخَلْتُ إلى الأَحْبابِ بُستانا

كَمِ انْتَظَرْتُ
وَنارُ الشَّوْقِ تُشْعِلُني
ذابَ الحَديدُ
وَصَدْرُ الوَرْدِ ما لانا

وَكَمْ تَمادى الصّدى في نَسْجِ ذاكِرَتي
وَتاهَ صَوْتي
وَصارَ الصَّمْتُ عُنْوانا

116

Immer noch beißt mich sein Duft
Umkreist meinen Arm wie ein Schal und eine Natter

Ich wusste nicht dass das Herz aus Gestein ist
Dass die Geliebten manchmal erbarmungslos sind

Und wenn ein Stern aus dem Auge einer Verliebten fließt
Kräht der Hahn freudig auf dem Schutt

Wenn ich überblickt hätte was ich jetzt weiß
Wäre ich nicht in den Garten des Liebenden eingetreten

Wie lange wartete ich
Und das Feuer der Sehnsucht verbrannte mich
Das Eisen schmolz und die Brust der Blume blieb hart

Wie weit dehnte sich der Widerhall aus
Beim Weben meiner Erinnerung
Meine Stimme irrte umher
Und das Schweigen wurde zur Bleibe

وَما شَكَوْتُ وَما أَكْثَرْتُ أَسْئِلَتي
خَيْرُ الْجَوابِ إذا ما كانَ ميزانا

سَفينَةُ الْحُبِّ بَيْنَ الْمَوْجِ ما غَرِقَتْ
لَوِ الْهَوى ظَلَّ لِلْعُشّاقِ قُبْطانا

كَمْ قُلْتُ:
يا لَيْتَ ما كانَ الَّذي كانا
وَعُدْتُ قُلْتُ:
جَميلًا سِحْرُهُ كانا

ما زالَ بُلْبُلُهُ
يَشْدو وَيُطْرِبُني
يَكْسو الْمَدى فَرَحًا
وَاللَّيْلَ أَلْوانا

لَمْ أَنْسَ نَسْمَتَهُ ..
عَيْنَيْهِ .. بَسْمَتَهُ
سُبْحانَ
مَنْ رَسَمَ الْفَتّانَ سُبْحانا

Ich hätte mich nicht beschwert
Und ich hätte viele Fragen nicht gestellt
Denn die beste Antwort ist die ausgewogene

Das Schiff der Liebenden wäre nicht untergegangen
Wäre die Liebe der Steuermann geblieben

Wie oft sagte ich
Ich wünschte es wäre nie passiert
Und dann sagte ich
Sein Zauber war doch wunderbar

Immer noch singt seine Nachtigall und begeistert mich
Bekleidet den Horizont mit Freude
Und die Nacht mit Farben

Ich vergaß nicht seine Brise
Seine Augen sein Lächeln
Oh wer hat diesen Liebreiz erschaffen

مَا اهْتَزَّ لي وَتَرٌ إلّا لِريشَتِهِ
تَرَدُّدي ثِقَةٌ ..
ما كانَ إذْعانا

ما بَيْنَ كَرٍّ وَ فَرٍّ وَالْهَوى قَلِقٌ
يَنْسابُ في الْبَحْرِ نَهْرُ الْحُبِّ أَلْحانا

أَنا وَأَنْتَ وَجِنُّ الْحُبِّ يُؤْنِسُنا
في نارِ جَنَّتِهِ لا إنْسَ إلّانا

نَبْكي وَنَضْحَكُ في آفاقِ دَهْشَتِنا
مِثْلَ الْفَراشاتِ ضَوْءُ الشَّمْسِ أَعْمانا

أَصونُ سِرَّكَ بَيْنَ الْغَيْمِ أَحْفَظُهُ
لَمْ يُحْسِنِ الْبَرْقُ في عَيْنَيَّ كِتْمانا

إنْ كانَ قَلْبُكَ بَحْرًا سَوْفَ أَعْبُرُهُ
لَوْ كانَ صَخْرًا نَحَتُّ الصَّدْرَ مَرْجانا

أَلَمْ تَقُلْ لي
بِأَنَّ الْحُبَّ مِنْ ذَهَبٍ
إذَنْ لِماذا هَوانا يَصْدَأُ الآنا ؟

120

Nur mit seinem Plektron schwingt meine Saite
Aus Selbstvertrauen und nicht aus Furcht

Zwischen Angriff und Rückzug die Liebe ist besorgt
Schwebt der Fluss der Hingebung ins Meer
Wie eine Melodie

Du und ich und der Dschinn der Liebe
Außer uns ist niemand im Feuer ihres Paradieses

Wir weinen und lachen
Am Horizont unseres Erstaunens wie Schmetterlinge
Das Licht blendet sie

Ich verbarg dein Geheimnis zwischen den Wolken
Der Blitz in meinen Augen konnte aber nicht stillhalten

Wenn dein Herz ein Meer wäre
Würde ich es durchdringen
Wenn es ein Fels wäre
Würde ich ihn behauen

Hast du mir nicht gesagt
Dass die Liebe aus Gold sei
Warum rostet jetzt unsere Liebe

نِصْفُ الْحَقِيقَةِ لَمْ يُنْصِفْ مُعَذَّبَةً
إِنْ كَانَ كُلُّ الْكَلَامِ الْعَذْبِ بُهْتَانَا

إِنْ كُنْتَ مُرْتَبِكًا حَتَّى تُعَلِّلَهُ
فَالْحُبُّ حُبٌّ
وَلَا يَحْتَاجُ بُرْهَانَا

لَا يَطْلُبُ الْوَرْدُ عَطْفًا مِنْ فَرَاشَتِهِ
بَيْنَ الْحَبِيبَيْنِ لَيْسَ الْحُبُّ إِحْسَانَا

وَالنَّاسُ تَعْشَقُ
هَذَا مِنْ طَبِيعَتِهَا
فَالْمَرْءُ لَوْلَا الْهَوَى مَا كَانَ إِنْسَانَا

يَا طَائِرَ الْحُبِّ
حَلِّقْ فِي الْمَدَى فَرِحًا!
فَأَنْتَ حُرٌّ وَإِنِّي لَسْتُ سَجَّانَا

إِنْ كُنْتَ تَرْحَلُ فَالذِّكْرَى مُعَطَّرَةٌ
وَلَوْ رَجَعْتَ كَسَوْتُ الْجِذْعَ أَغْصَانَا.

Die Hälfte der Wahrheit tröstet keine Leidende
Wenn all die entzückenden Worte nur Lügen sind

Wenn du zappelst um sie zu begründen
Die Liebe ist Liebe und sie braucht keinen Nachweis

Die Rose bittet den Schmetterling nicht um Mitleid
Zwischen zwei Liebenden ist die Liebe kein Gefallen

Die Menschen lieben das ist ihre Natur
Denn ohne Liebe wären sie keine Menschen

Oh du Vogel der Liebe
Fliege fort bis zum Horizont und freue dich
Denn du bist frei und ich bin kein Gefängniswächter

Wenn du fortfliegst bleibt mir der Duft der Erinnerung
Und wenn du zurückkehrst
Wachsen dem Stamm neue Zweige.

على شاطئ الْبَحْر

أَسِيرُ نَحْوَ الْمَدى بِلا هَدَفِ
مُعَلَّقًا بَيْنَ الْباءِ وَالْأَلِفِ

أَهْذي وَحيدًا
وَالْمَوْجُ يَسْمَعُني
غِناؤُهُ الْعالي نَبْضُ مُرْتَجِفِ

أُراقِبُ الشَّمْسَ
وَهْيَ غارِقَةٌ
وَالضَّوْءُ في الْبَحْرِ بَعْضُ مُنْحَرِفِ

حَمْراءُ مَمْدودَةٌ بِمُقْلَتِهِ
تَنْسابُ دَمْعًا مِنْ مَوْجِهِ الذَّرِفِ

يُبِلِّلُ الْماءَ مَنْ يُلامِسُهُ
كَعِطْرِ وَرْدٍ بِأَنْفٍ مُقْتَطِفِ

يُداعِبُ الرَّمْلَ في نُعومَتِهِ
وَشَهْوَةُ الشَّمْسِ لَذَّةُ الْقُطُفِ

Am Strand

Ziellos laufe ich zum Horizont
Hängend zwischen A und B

Einsam führe ich Selbstgespräche
Die Wellen hören mich
Ihr lauter Gesang ein zitternder Puls

Ich schaue zu wie die Sonne ertrinkt
Das Licht fällt schräg ins Meer

Rot hingestreckt in seinem Auge
Tränen fließen aus seinen weinenden Wellen

Das Wasser benetzt den der es berührt
Wie Blumenduft die Nase eines Pflückers

Es kitzelt zärtlich den Sand
Die Lust der Sonne das Vergnügen des Weins

أَمْشي رَشيقًا
كَأَنَّهُ جَسَدي
وَالرَّمْلُ حَوْلي يَعِجُّ بِالصَّدَفِ

لا شَيْءَ أَنْساهُ
كَيْ يُذَكِّرَني
لا وَقْتَ لي لِلْعِتابِ وَالأَسَفِ

وَأَكْتُبُ الشِّعْرَ
ثُمَّ أَنْثُرُهُ
في الْبَحْرِ أَرْميهِ فَهْوَ لي صُحُفي

أُقَلِّبُ الْمَعْنى كَيْ يَروق لَهُ
عارٌ عَلى شِعْرٍ غَيْرِ مُخْتَلِفِ

أَنا وَحيدٌ لا شَيْءَ يَنْقُصُني
وَواحِدُ الظِّلِّ غَيْرِ مُنْتَصِفِ

أَمْشيْ عَلى مَهْلي
لا تُعاتِبْني
ذِكْرى
وَلا يَشْكو الرَّمْلُ مِنْ طَرَفي

Ich gehe so anmutig als sei er mein Körper
Der Sand um mich herum ist voller Muscheln

Nichts vergesse ich um mich daran zu erinnern
Keine Zeit zu Tadel und Reue

Ich schreibe Gedichte und streue sie ins Meer
Denn es ist mein Tagebuch

Die Deutung drehe und wende ich bis sie ihm gefällt
Die Gedichte sollen verflucht sein
Wenn sie nicht einmalig sind

Ich bin allein mit ungeteiltem Schatten
Mir mangelt es an nichts

Gehe ganz gelassen mich tadelt keine Erinnerung
Der Sand klagt nicht über meine Spuren

ظِلِّي وَرائي
سِحْرُ الْقَصيدِ مَعي
أَحْمِلُهُ دُرًّا وَهْوَ لي شَرَفي

وَفي خَيالي
تَموجُ بيْ صُوَرٌ
وَمِنْ بَعيدٍ أَضْواءٌ مُنْعَطِف

نَسيمُ بَحْرِ الْقَصيدِ يُنْعِشُني
كَأَنَّ غَيْري هُنا بِمُنْعَكَفي

لُؤْلُؤَةٌ وَالْأَمْواجُ تَحْمِلُها
يَطيرُ مِنْديلُها عَلى كَتِفي

مُعَطَّرًا يَسْتَريحُ في لُغَتي
يُثيرُ حَرْفي
يَزيدُ مِنْ شَغَفي

كَأَنَّ لي مَوْعِدًا هُنا مَعَها
فَسَيِّدُ الْكَوْنِ صانِعُ الصَّدَفِ

128

Meinen Schatten hinter mir
Die Magie der Poesie bei mir
Ich trage sie als Schmuck zu meiner Ehre

In meiner Fantasie kräuseln sich Bilder
Von Weitem die Lichter einer Mündung

Die Meeresbrise des Gedichts erfrischt mich
Als sei jemand hier an meinem Zufluchtsort anwesend

Eine Perle von den Wellen getragen
Ihr Schal fliegt über meine Schulter

Duftend ruht er in meiner Sprache
Regt mein Alphabet an
Steigert meine Leidenschaft

Als hätte ich hier mit ihr eine Verabredung
Denn der Herr des Universums
Ist der Schöpfer der Zufälle

وَتَلْتَقي حاؤها بِباءِ دَمي

يا روحُ

زيدي تَأَمُّلًا وَقِفي

لَنْ تُنْصِفِها بِالْوَصْفِ يا لُغَتي

بِكُلِّ وَصْفٍ لَها

فَلَنْ تَصِفي

يَحوكُ قَلْبي قَصيدَهُ نَغَمًا

وَيَغْرَقُ الشِّعْرُ لَحْظَةَ اللَّهَفِ.

Ihr „h" trifft sich mit dem „b"* meines Blutes
Oh Seele betrachte dies und halte inne

Du meine Sprache wirst sie nicht beschreiben können
Jede Beschreibung misslingt dir

Rhythmisch webt mein Herz sein Gedicht
Und die Lyrik ertrinkt im Augenblick des Wunsches.

*Das sind die beiden Konsonanten h und b im arabischen Wort für Liebe:
hub حُبّ*

فهرست

INHALT

Über den Autor

Lyriker, Songtexter, Übersetzer und Herausgeber

Khaled Shomali, geboren 1958 bei Bethlehem in Palästina. Er studierte Bauingenieurwesen an der RWTH Aachen und lebt seit 2000 in Brühl.

Publikationen auf Deutsch:

Der Vers, in dem ich wohne
Die Wolken fliegen nach Jerusalem
Zwischen Jordan und Rhein
Die Katze und der Maler – Kindergeschichte – zweisprachig deutsch-arabisch
Schmetterlinge der Poesie – zweisprachig deutsch-arabisch

Publikationen auf Arabisch:
Für wen pflanzt du die Rosen
Gefangen im Rauch der Worte
Der Nektar der Worte
Eng ist dein Exil
Ich will keine Exilgedichte
Schaukel der Freude - Gedichte für Kinder
Fluss und Ufer

Über sein literarisches Schaffen wurden zahlreiche literaturkritische Studien veröffentlicht, zuletzt im März 2019 in Marokko von dem Literaturkritiker Dr. Mostapha Chaoui. Titel des Buches: Die Ästhetik der Fantasie in den Gedichten von Khaled Shomali (bisher nur auf Arabisch erhältlich).

Mehr über den Autor unter http://www.khaledshomali.org

-

Schmetterlinge der Poesie
Khaled Shomali

ISBN: 9783752627954